EL MUNDO QUE ENCONTRÉ

Por el Espíritu

Luiz Sérgio de Carvalho

Psicografiado por

Alayde A. Silva

Traducción al Español:

J.Thomas Saldias, MSc.
Trujillo, Perú, Febrero 2022

Título Original en Portugués:

"O Mundo que Encontrei"

© Alayde A. Silva 1976

Caratula:

Staircase leading to heaven or hell.
Light at the End of the Tunnel

Adam Bannister, IFSEC Global

Www.UNSPLASH.com

World Spiritist Institute

Houston, Texas, USA

E- mail: contact@worldspiritistinstitute.org

Del Autor Espiritual

Nació en Río de Janeiro, capital, el 17 de noviembre de 1949, hijo de Júlio de Carvalho y Zilda Neves de Carvalho. Pasó tres años de su infancia en São Paulo y regresó a Río de Janeiro en 1957. A los once años se trasladó con su familia a Brasilia, donde se establecieron. Estudió en las escuelas de Plan Piloto: Nossa Senhora do Rosário - Hermanas Dominicas -, CASEB y Elefante Branco.

Estaba cursando el octavo semestre de la Escuela de Ingeniería Electrónica de la Universidad de Brasilia - UnB. Pertenecía a la plantilla del Banco do Brasil S/A., trabajando en la sucursal central de Brasilia. Fue *"lowton"* de la Logia Masónica "Aurora de Brasilia" e "iniciado" post-mortem en la Logia "Brigadeiro Proênça", del Gran Oriente, Distrito Federal. Inteligente, tenía un agudo sentido de la observación y la curiosidad. De buen carácter, emotivo, alegre y extrovertido, sabía hacer amigos con rara facilidad, sin distinguir edad, color o sexo. Le gustaba la lectura y la música. Tocaba la guitarra y prefería las canciones románticas de bossa-nova. Compañero inseparable de su hermano, ambos estudiaron las mismas asignaturas en la Facultad, participaron en las mismas actividades infantiles y fueron asignados a la misma sección de trabajo, a las mismas horas. Era conocido en los círculos que frecuentaba por el apodo de "Metralha", porque hablaba muy rápido. Caminó muy rápido. Tenía un físico atlético, sin ser demasiado alto. Le gustaban los deportes y apoyaba al Flamengo - club de regatas del RJ.

Invitado por unos colegas a viajar a São Paulo un fin de semana para ver la primera carrera de coches de "Fórmula 1" que se celebraba en Brasil, en el circuito de Interlagos, aceptó, con el objetivo de ayudar a conducir en la carretera y ver a sus familiares a los que había conocido, prácticamente, en el año la anterior, especialmente su prima Valquíria, con la que había empezado a mantener correspondencia. Los cuatro siguieron en el Volkswagen. De regreso, Luiz Sérgio dormía junto a Roberto, que iba al volante, cuando, al adelantar a un autobús, un agujero en la carretera hizo que se rompiera una parte del coche, que giró sin control, provocando el accidente.

Un caso digno de mención es que Luiz Sérgio había tenido la precaución de abrocharse el cinturón de seguridad e instó a sus acompañantes a hacer lo mismo. Sin embargo, esto no fue suficiente para evitar que se produjera un accidente grave. Roberto sufrió lesiones que le causaron una discapacidad. Esto ocurrió en las primeras horas de 12 febrero de 1973, cerca de Cravinhos, Estado de São Paulo. Los detalles presentados aquí fueron informados por dos compañeros que viajaban en el asiento trasero del vehículo y no sufrieron nada.

Del Traductor

Jesus Thomas Saldias, MSc., nació en Trujillo, Perú.

Desde los años 80's conoció la doctrina espírita gracias a su estadía en Brasil donde tuvo oportunidad de interactuar a través de médiums con el Dr. Napoleón Rodriguez Laureano, quien se convirtió en su mentor y guía espiritual.

Posteriormente se mudó al Estado de Texas, en los Estados Unidos y se graduó en la carrera de Zootecnia en la Universidad de Texas A&M. Obtuvo también su Maestría en Ciencias de Fauna Silvestre siguiendo sus estudios de Doctorado en la misma universidad.

Terminada su carrera académica, estableció la empresa *Global Specialized Consultants LLC* a través de la cual promovió el Uso Sostenible de Recursos Naturales a través de Latino América y luego fue partícipe de la formación del **World Spiritist Institute**, registrado en el Estado de Texas como una ONG sin fines de lucro con la finalidad de promover la divulgación de la doctrina espírita.

Actualmente se encuentra trabajando desde Peru en la traducción de libros de varios médiums y espíritus del portugués al español, así como conduciendo el programa "La Hora de los Espíritus."

ÍNDICE

Introducción 7

Capítulo 1 La nueva vida 9

Capítulo 2 "Valquiria" 14

Capítulo 3 La "Intuición" Era Yo............................15

Capítulo 4 Aprendiendo a Ayudar.............................21

Capítulo 5 La Colonia Donde Vivo 27

Capítulo 6 El Aura Espiritual de los Seres..................31

Capítulo 7 La Estancia de la Luz Divina.....................36

Capítulo 8 La Catedral del Sonido 41

Capítulo 9 El Estudio, el Tiempo y el Espacio..............44

Capítulo 10 El Archivo Mental 48

Capítulo 11 En el Servicio de Desencarnación 53

Capítulo 12 Cadena de Espíritus 60

Capítulo 13 El Balance de la Actividades...................66

Capítulo 14 Asistencia Anónima en Navidad 70

Capítulo 15 Mantenimiento Ambiental 74

Capítulo 16 La Mediumnidad..................................78

Capítulo 17 "Orad y Vigilad..." 83

Capítulo 18 Habilitémonos para el Mañana...................88

Introducción

Nació en Río de Janeiro, capital, el 17 de noviembre de 1949, hijo de Júlio de Carvalho y Zilda Neves de Carvalho. Pasó tres años de su infancia en São Paulo y regresó a Río de Janeiro en 1957. A los once años se trasladó con su familia a Brasilia, donde se establecieron. Estudió en las escuelas de Plan Piloto: Nossa Senhora do Rosário - Hermanas Dominicas -, CASEB y Elefante Branco.

Estaba cursando el octavo semestre de la Escuela de Ingeniería Electrónica de la Universidad de Brasilia - UnB. Pertenecía a la plantilla del Banco do Brasil S/A., trabajando en la sucursal central de Brasilia. Fue *"lowton"* de la Logia Masónica "Aurora de Brasilia" e "iniciado" post-mortem en la Logia "Brigadeiro Proença", del Gran Oriente, Distrito Federal. Inteligente, tenía un agudo sentido de la observación y la curiosidad. De buen carácter, emotivo, alegre y extrovertido, sabía hacer amigos con rara facilidad, sin distinguir edad, color o sexo. Le gustaba la lectura y la música. Tocaba la guitarra y prefería las canciones románticas de bossa-nova. Compañero inseparable de su hermano, ambos estudiaron las mismas asignaturas en la Facultad, participaron en las mismas actividades infantiles y fueron asignados a la misma sección de trabajo, a las mismas horas. Era conocido en los círculos que frecuentaba por el apodo de "Metralha", porque hablaba muy rápido. Caminó muy rápido. Tenía un físico atlético, sin ser demasiado alto. Le gustaban los deportes y apoyaba al Flamengo - club de regatas del RJ.

Invitado por unos colegas a viajar a São Paulo un fin de semana para ver la primera carrera de coches de "Fórmula 1" que se celebraba en Brasil, en el circuito de Interlagos, aceptó, con el objetivo de ayudar a conducir en la carretera y ver a sus familiares a los que había conocido, prácticamente, en el año la anterior, especialmente su prima Valquíria, con la que había empezado a mantener correspondencia. Los cuatro siguieron en el Volkswagen. De regreso, Luiz Sérgio dormía junto a Roberto, que iba al volante, cuando, al adelantar a un autobús, un agujero en la carretera hizo que se rompiera una parte del coche, que giró sin control, provocando el accidente.

Un caso digno de mención es que Luiz Sergio había tenido la precaución de abrocharse el cinturón de seguridad e instó a sus acompañantes a hacer lo mismo. Sin embargo, esto no fue suficiente para evitar que se produjera un accidente grave. Roberto sufrió lesiones que le causaron una discapacidad. Esto ocurrió en las primeras horas de 12 febrero de 1973, cerca de Cravinhos, Estado de São Paulo. Los detalles presentados aquí fueron informados por dos compañeros que viajaban en el asiento trasero del vehículo y no sufrieron nada.

Capítulo 1 La nueva vida

Lo que ya no era, ahora vuelve a ser
y lo que era ya no es, seguirá siendo.

Verás, sólo ahora he podido escribir y dar noticias desde aquí. Todavía estoy un poco avergonzado de mi nueva vida. Todo ha cambiado; lo que no era ahora es y lo que era ya no será. ¿Lo entiendes?

Es difícil que la gente se adapte. Pero he conseguido muchas cosas. Estoy aquí para darles noticias. Estaba en casa de Valkiria, pero ella no me entendía y no tenía forma de hacerme notar. Recordé que tú eras espírita y que podías entenderme. Es bueno poder comunicarse con los vivos. Tú recuerdas muchas cosas Ya he podido comunicarme con mis padres a través de personas que son como tú.

Hoy en día, ya no tengo miedo de interponerme en el camino, porque comprendí que todo era sólo una transformación y que el choque que sufrí no podía ser una consecuencia grave para mí, porque era físico. Ahora ya no tengo un cuerpo físico, pero sigo teniendo un cuerpo. Es interesante observar las propiedades de este cuerpo. Son totalmente diferentes, en el ámbito físico, de los que tenía antes. Si dos cuerpos no podían ocupar el mismo espacio, ahora sí pueden, ya que puedo incorporarme a una "masa física" si ésta me repele. Así que lo rodeo, buscando una superficie no repelente: entonces lo atravieso.

Es interesante que la pseudo gravedad no golpee de forma directa. Hay una fuerza dentro de mí que anula cualquier atracción y puedo alejarme del suelo de la Tierra. De hecho, hay otros pisos que no lo sabíamos. Nunca imaginé cómo sería y me gustaría contarlo, pero me resulta difícil. Si conociera bien la física, quizá podría explicarlo mejor. Hay una densidad relativa en la materia que rodea la Tierra y nos apoyamos en ella para estabilizar nuestros pasos. Al caminar, puede ocurrir que ya no tenga apoyo y corramos el riesgo de "hundirnos", como en el agua. Nuestro cuerpo no puede soportar la rarefacción. Así que volvemos a un lugar más firme en relación con nuestra densidad. No sé si siempre será así. Tal vez aprenda medidas que me hagan capaz de moverme en aquellos lugares que aun me están vedados, debido a la inexperiencia.

No es fácil acostumbrarse a un nuevo cuerpo. Nuevo es la forma de decirlo, porque ya lo tenía en estado latente. En cuanto perdí mi cuerpo físico se formó sobre el molde mental. Este es un hecho que debemos dar a conocer a los demás. ¿Cómo es que nadie se da cuenta que esto ocurre? Uno estudia tanto y al final se muere ignorando lo principal.

Es una maravilla que no guardemos en nuestra memoria todo lo que ocurre, porque me han dicho que he muerto y he nacido muchas veces. Sin embargo, no recuerdo nada de eso. Es una pena, porque podríamos ayudar mucho a la ciencia.

Ahora vea cómo en la Tierra aun queda mucho por descubrir. Hace falta que alguien se despierte y descubra el universo que vive alrededor de nuestro mundo. Suceden cosas increíbles en lugares comunes a nuestra vida física y no física. Los hechos ocurren en la misma zona y se influyen mutuamente de tal manera que notamos que hay una relación que surge del hecho que pasa otro tipo de formación, influencias que ambos reciben. No sé si estoy utilizando los términos correctos. Sé que he podido separar bien las ideas de lo físico y lo extra físico y he sacado mis deducciones utilizando términos que yo mismo he atribuido a los fenómenos diferentes que veo, relacionándolos con los del plano físico del que vengo.

Todo esto es muy interesante. Lástima que no supiera que tú conocías todo esto, porque habría estado mejor informado.

Imagínate que cuando morí, me levanté inmediatamente y pensé que me había despertado de un desmayo. No se me ocurrió mirar hacia atrás y ver mi cuerpo allí tirado. Busqué a los demás y cuando vi a mi compañero herido, quise buscar ayuda. Corrí a mi casa, luego en busca de mis compañeros y sólo mucho después comprendí que ya no se sabía nada de mí y que había muerto. Creo que tuve un shock pensando en mi madre. Fue una pena, porque sufrió mucho y aun lo hace.

Sin embargo, hice todo lo posible para decirle que estaba vivo[1]. La vibración de mi palabra no se transmitió a través del aire pesado, sino a través del aire más ligero que se entremezcla con la atmósfera, pero los oídos del cuerpo no la reciben. No puede actuar sobre los nervios o el aparato auditivo del cuerpo físico. Entonces comprendí todo esto. Es

---

[1] A través de otros médiums, recibimos mensajes de luz, anteriores al primer mensaje de este libro. (Nota de los padres de Luiz Sérgio)

como si existiera un duplicado del mundo, hecho de un material menos denso y más ligero, o quizás de otra forma de materia. Todavía no lo sé muy bien. Ya he hecho muchas observaciones con personas más cultas que me lo pueden explicar mejor. Pronto comprendí cómo podía comunicarme con ciertas personas que pueden entender el pensamiento. Debes saber que no estoy escribiendo con naturalidad. Me he conectado a tu cerebro y actúo con tu mano como si estuviera escribiendo. Me imagino todas las cartas y tú las escribes. Muy interesante. Creo que es más fácil que si lo escribiera yo mismo.

Me ha gustado mucho poder transmitirles mis observaciones; haré otras y volveré, porque sé que tienen la capacidad de comprender. Además, todavía no sé hasta dónde llega tu conocimiento de este nuevo mundo en el que me encuentro. Tal vez ya lo sepas mejor que yo.

No dejé nada en el plano físico que pudiera echar de menos aquí, porque tengo todo lo que necesito. Me he encontrado con amigos, familiares y otras personas que decían conocerme, pero no los recuerdo. Me levanto por la mañana con el sol y me acuesto por la noche con la oscuridad. Veo la luz de la Luna. ¡Y también hay agua! Un poco diferente, porque es más ligera. Es suave de tomar. No sé si la constitución de la misma es H_2O. De hecho, ni siquiera sé si respiro oxígeno.

Voy a tener que ir a una escuela. He oído que hay muchas y me estoy preparando para ir a una. Lo curioso es que en este nuevo mundo no se entra como niño, se entra ya como adulto. Sí, vemos niños que son personas que vienen de un cuerpo físico pesado y denso. A continuación, adquieren la fisonomía adulta. Podría contarte muchas cosas, pero no es posible resumirlo todo. No quiero hablar de otras personas que están aquí, porque puede que no les guste.

Ahora quiero pedirte un pequeño favor, un pequeño favor. Cerca de donde estoy ahora hay alguien a quien me arrepiento de haber dejado. Tú sabes quién es. Me gustaría dejarle unas palabras escritas.

Capítulo 2 "Valquiria"

El mundo no se acabó y el fin de una vida fue el comienzo de otra. Un día puede ocurrir que nos encontremos de nuevo, aquí o allá. Entonces, tal vez sea más loco, más prudente y podamos volver a pensar en soñar. No te preocupes más por mí. Me he ido. Intenta vivir bien tu vida. Si alguna vez vienes, aquí estaré. Pero no vengas ahora, no. Tu vida es buena y tienes los medios para aprovecharla al máximo. Vive donde estás. Voy a vivir aquí en este país o en este mundo, igual y diferente del sueño o de la realidad.

No sé si soñaba cuando estaba vivo o si sueño ahora que estoy muerto. Puede que haya sido una imagen soñada y que ahora la realidad la haya borrado. ¿Es la materialización de alguien o la desmaterialización de la realidad? Es en este estado de ánimo en el que me encuentro. Todavía queda un largo camino por recorrer antes de poder establecerme en este tipo de vida.

Sin embargo, como todo el mundo tendrá que morir, es mejor pensar en la posibilidad de ser diferente y no ser como se es, porque un día se será como se es en lugar de como se era. ¿Lo entiendes? Aquí sólo dejo mi memoria.

Luiz Sérgio.

Muchas, muchas, muchas gracias.

Hasta otra visita.

Mensaje del 17/6/1973.

Capítulo 3 La "Intuición" Era Yo

Tenemos que aprender a conducir una noticia o una persona de un lugar a otro, sin actuar directamente.

Hoy vuelvo mucho más recuperado del impacto del cambio de ambiente que sufrí. Me han dado muchas explicaciones y creo que he entendido muchas cosas, aunque todavía tengo que entender muchas más. Es algo que "derrite la cabeza" de cualquier criatura que se encuentre de repente en una situación así, sin poder obtener explicaciones rápidas. Todos tardan en mostrarnos la situación real en la que nos encontramos cuando entramos en esta fase de la vida, porque temen las crisis que dicen que son peligrosas. Por lo tanto, dan las noticias muy lentamente. Como siempre en las prisas[2], he sacado más provecho de lo que otros suelen hacer. Como resultado de mi curiosidad[3], pronto me pusieron a trabajar con un grupo de jóvenes que son como los del "Proyecto Rondón."

---

[2] Una de sus características más llamativas: la prisa.
[3] Otra de sus características llamativas: la curiosidad

El estudio se realiza aquí de forma muy objetiva. Los profesores, que no son ni engreídos ni superiores, acompañan a los alumnos e imparten las clases en función de los problemas que se plantean. A veces son largas lecciones que duran horas y horas, y se imparten con la observación del fenómeno a aprender.

Como quería conocer la "geografía" del mundo en el que vivo, no sé por qué, me dijeron que primero tenía que aprender la "biología" del espíritu. Le dan otro nombre: "psico-bio-fisiología." Esto se debe a que piensan que primero hay que aprender el agente y luego estudiar el medio. No sé si se entiende. Estaba muy tranquilo, porque me he dado cuenta que es difícil hacer comparaciones entre lo que aprendimos antes y lo que vemos aquí. Muchas cosas tenemos que "traducirlas" al lenguaje que conocemos y a menudo no conseguimos hacer asociaciones.

En el primer mensaje que les di hablé del agua y del aire. La verdad es que tenía la impresión que realmente respiraba, pero me dijeron que el entorno en el que vivo es tan fluido que la respiración es simplemente un hábito que traemos con nosotros. Es cierto que cuando entramos en un lugar donde hay mucha gente mala, con malos pensamientos, que habla cosas terribles o que practica la inmoralidad psíquica, nos quedamos sin aliento, como si nos faltara el aire. Bebemos agua, pero su composición, según lo que me enseñaron, es diferente.

Aquí tenemos un concepto diferente de las cosas. Nuestro mentor - así se llama el maestro - nos ha enseñado a no sorprendernos por ningún hecho que presenciemos. Nos dijo que tomáramos todo con naturalidad. ¡Vemos tantas cosas! No se lo puede imaginar.

Qué pena que no se pueda volver con conciencia y explicar directamente a la gente los problemas tal y como son. Es probable que cuando nos vean huyan despavoridos... Cómo me gustaría encontrarme con mamá y papá en la Tierra y contarles todo en nuestro idioma ordinario, explicando con jerga y todo. Sin embargo, forma parte de nuestro aprendizaje para expresar nuestras ideas. Es necesario que, al escribir o hablar con los vivos, tratemos de no causar ninguna confusión. Hoy, por ejemplo, he tomado notas, resumiendo lo que debía decir y cómo decirlo. Sólo los comentarios personales son espontáneos. Sin embargo, se pueden hacer observaciones ingenuas, comparando el mundo de aquí con el de allí, ya que dan imágenes familiares.

Todavía no he visitado ningún lugar que no estuviera relacionado con los vivos. He visitado muchas ciudades junto con el mentor – profesor - y otros colegas – hermanos -. Estamos aprendiendo a dar primeros auxilios y a entrar en la parte que diríamos social; es decir, a mantener el contacto con varias personas para que puedan ser atendidas en sus necesidades.

Es interesante que aprendamos a conducir una noticia o una persona de un lugar a otro sin actuar directamente. No puedo sujetar a un hombre y conducirlo al lugar al que debe ir. Tengo que pensar cerca de él, haciendo que tenga, por sí mismo, el recuerdo de hacer lo que tiene que hacer. Por ejemplo - y realmente ocurrió:

Un niño estaba desmayado y herido en medio del monte. Su madre y su padre lo buscaban, pero no tenían ni idea de dónde estaba. Por casualidad, pasábamos por el lugar y nos dimos cuenta del problema. El mentor nos miró a todos y me eligió a mí para hacer el experimento. Ya lo había explicado y hecho delante de todos nosotros. Sentí que tenía una gran responsabilidad, pero quería hacerlo bien. Entonces, me dirigí al padre del niño, que estaba más tranquilo, y pensé: "vete por ahí." El hombre dudó, porque supuso que su hijo había ido a jugar donde solía hacerlo. Insistí bastante en el mismo pensamiento y el hombre, sin saber por qué, tomó la dirección que yo quería. Así es como lo guie. Hubo un momento en el que estuvo a punto de rendirse. Me entró una gran aprensión, porque entonces tendría que admitir mi inexperiencia. Doblé mi fuerza mental y le ordené: "vaya por aquí, su hijo está delante de usted." Más tarde, después de haber encontrado al niño, escuché al padre contar que estaba volviendo del camino, cuando tuvo una fuerte "intuición." La intuición era yo.

No voy a negar que encuentro muchas cosas divertidas y me divierto; sin embargo, el mentor advierte que no podemos burlarnos de nada ni de nadie.

Tengo entendido que mis padres han publicado el otro mensaje que envié. Estoy agradecido, porque es muy importante que todos mis amigos sean conscientes de la realidad en la que me encuentro ahora. Al menos se está haciendo algo al respecto. Se dice que muchos espíritus escriben a sus amigos y familiares, pero generalmente nadie les cree. Debe ser muy molesto hacer un esfuerzo tan brutal para comunicarse con los vivos y que luego te llamen muerto y digan que no es posible o que es una ilusión. Al menos yo no tuve esa decepción.

Cuento con su capacidad de comprensión para seguir escribiendo. Sé que no he traído grandes noticias, pero el aprendizaje es muy lento, dada la forma en que se realiza. Además, hay que omitir muchas cosas.

Creo que se han dado cuenta que hablo en serio. Lo que he visto me ha hecho pensar mucho. Las lecciones que recibimos no permiten bromas, pues los temas, además de interesantes, son de gran responsabilidad. ¡Qué diferentes son nuestras lecciones de las que solíamos tener en la vida!

Ah, sí, ya saben que utilizo mal la palabra "vivo." Deberíamos decir "encarnado" - con carne -. Pero siento una especie de alegría y digo irónicamente "cuando estaba vivo", porque todavía estoy vivo, al contrario que muchos materialistas que hay. De hecho, el materialista podría seguir siéndolo incluso después de muerto, ya que sigue sin encontrar a Dios. Seguimos encontrando las "manifestaciones" de Dios. Así es como aprendemos. Todo el universo es una manifestación de Dios, que para mí sigue siendo una incógnita.

Supongo que ya he escrito mucho. Dile a mamá – Zildnha[4] - que no se dé cuenta que su hijo está entrando en razón. Pronto ella va a recibir una seria, llena de palabras difíciles y términos incomprensibles, para hacer discusiones y consultas, exámenes y análisis, con el fin de verificar la veracidad de la información y estar seguro de su origen. Estoy bromeando. Pero es una "papa." El entorno en el que vivimos actúa sobre nuestro estado de ánimo y acabamos sufriendo su influencia.

Quiero que papá sepa que se me considera un alumno con gran aprovechamiento. Nunca imaginé que tendría una inclinación por las "ciencias ocultas."

---

[4] Así es como trataba a su madre.

Creo que he terminado. Dejo aquí, para que lo lean, mi abrazo a todos, aunque quería mandar una patada a Cezinha[5] y cosas así. Me dicen que es incorrecto, así que no lo envío. Me retiro y sigo observando.

Mensaje del 8/11/1973.

----

[5] Cezinha - tratamiento familiar de Júlio Cezar, hermano de Luiz Sérgio

Capítulo 4 Aprendiendo a Ayudar

Nunca estamos solos.

Todavía no estoy seguro de si debo seguir diciendo las cosas que digo, porque sospecho que son banales. Pero como siempre nos encontramos con personas para las que estas cosas son nuevas, es útil enseñarles y empezar una y otra vez. Así que aquí estoy de nuevo con gran satisfacción.

Me han pasado muchas cosas desde la última noticia que di. Me buscan muchos hermanos que quieren colaborar también y me animan mucho. Muchos de ellos están hoy aquí porque querían conocer a mi familia terrenal. Están entusiasmados, esperando participar en algún trabajo que proyecte su inteligencia hacia la bondad y el amor por el encarnado. Creo que aun no estamos preparados para afrontar una obra de tal magnitud y que pasarán algunos años antes que tengamos la posibilidad de llevarla a cabo[6].

Es mejor para todos nosotros, especialmente para los encarnados, que mantengamos una distancia discreta, porque

---

[6] Estas son las pinceladas del trabajo de Luiz Sérgio y sus instructores, que continúa hasta hoy, con la serie de libros publicados.

ninguno de nosotros sabría cómo resolver los problemas que les aquejan. Ya he tenido pruebas de esta dificultad, enfrentándome a casos estudiados por mi grupo, siempre guiados por el mentor - ya he explicado que el mentor es igual al profesor.

El caso estudiado no era uno de los más complejos, pero aun así nos dejó avergonzados. Imagínese que hubiera dos hermanos peleando por una chica. El mentor nos preguntó si podíamos dar nuestra opinión al respecto. Los demás no dijeron nada y permanecieron indecisos. Yo, entonces, decidí expresar mis pensamientos, pues me parecía muy natural hacerlo. Dije que se estaban peleando por una tontería, ya que la chica gustaría sólo de uno. Y si se diera el caso que a los chicos les gustara la misma chica, ambos deberían renunciar y seguir siendo amigos. Entonces el mentor me dijo:

- ¿Cómo haría para normalizar la situación?

Me apresuré a responder, utilizando los conocimientos que ya había adquirido:

- Me acercaría a cada uno de ellos y les daría la intuición; o esperaría que ambos durmieran para hablar con ellos y convencerles que siguieran queriéndose, renunciando a la chica.

El mentor, muy serio, nos llevó a un rincón y tras apaciguar a los contendientes, haciendo que uno de ellos se alejara y el otro descansara, se quedó observando lo que quedaba. Después de unos minutos, prestó atención a lo que me pareció la mente espiritual del joven, volvió sonriendo y dijo que el caso estaba casi resuelto.

Nos llevó desde allí hasta el lugar donde vivimos. Es cierto. Nunca se lo dije. Es una pequeña ciudad donde nosotros, los desencarnados, tenemos todo lo que necesitamos y estamos protegidos de todo mal. Otro día se lo explicaré. En esta pequeña ciudad hay un gran edificio en el que nunca he entrado. Nuestro mentor nos dejó en la puerta y entró solo. Al cabo de un rato volvió y, interrumpiendo nuestra conversación, nos invitó a volver a la casa de los contendientes.

Allí estaban los dos hermanos hoscos. Nuestro mentor explicó:

- El niño - al que llamaremos aquí José - se siente atraído por la chica, pero no se casará con ella, porque en la encarnación anterior contrajo deudas; es decir, tiene la obligación moral de casarse con otra chica de la que abusó y a la que luego relegó a la indigencia social. Aunque tiene el deseo de volver a tener a María - le pusimos ese nombre - como compañera, no le será permitido.

Juan, en cambio, es un amigo íntimo de María y ha venido a ser su compañero, ya que en la encarnación anterior no pudo, porque su hermano José, desviándose del compromiso que había contraído con el otro, había tomado a María como novia.

La consecuencia de todo esto fue que tuvimos que tomar una decisión: vamos a ayudar a Juan a casarse con María. Eso es lo que empezamos a hacer. Todo ello bajo la estricta supervisión del mentor, que nos guía paso a paso, dándonos sólo servicios menores como recados, acompañamientos de protección, vigilancia y otros.

Verán, en la Tierra pasan muchas cosas y nadie se da cuenta que unas manos desconocidas la guían para que todo salga bien.

A menudo decimos: "Que Dios nos ayude" y ni siquiera tenemos la idea que Dios nos ayuda realmente, lo que hace que muchos de nosotros estemos cerca del momento de necesidad.

Bueno, esta primera parte estaba lista para ser escrita. He tenido cuidado de utilizar bien las palabras para que no tengan un significado dudoso. Ahora les hablaré de otras cosas.

¿Saben que he estado haciendo viajes rápidos por Brasil? No sé por qué no se nos permite salir del país en nuestro trabajo. Probablemente nos sentiríamos avergonzados por la diferencia de idioma de la gente. Todavía no somos prácticos en la comprensión de los pensamientos. Todos somos aprendices. Escuché una conferencia sobre este tema en la que el conferenciante explicaba que una persona que había practicado, cuando estaba encarnada, la transmisión y recepción de pensamientos, encontraría muy fácil, al desencarnar, comprender a otros espíritus, de cualquier nacionalidad que fueran.

He visitado otros lugares que no están en contacto con el encarnado. Son lugares donde los desencarnados se agrupan y se aíslan. También he aprendido sobre las "encarnaciones." Se nos informó ampliamente sobre esto. Todavía no recuerdo a ninguno de ellos, excepto al último, pero dicen que tuvimos muchos de ellos como personas. Entonces no pude contenerme y pregunté.

- Entonces, ¿tenemos otros sin ser personas, o hemos nacido de Adán y Eva?

Me equivoqué y fui advertido, pues pregunté con ironía, pero la respuesta llegó, algo vaga, necesitando más detalles, aunque era lógica. Decían que evolucionamos espiritualmente y también en la forma, y que una depende de la otra - espíritu y forma -; que ya pertenecíamos a otras especies de animales antes de ser hombres. Esto me hizo pensar, pero no me atreví a seguir jugando[7].

Estas fueron las lecciones más importantes que recibimos. Continuarán, porque se forman lagunas en nuestro pensamiento que no sabemos cómo llenar. Necesitamos explicaciones para poder comentarlas.

Quiero que entiendan que hablo mucho en plural. Se recomendó utilizar el "yo" el menor número de veces posible. El mentor sugirió que revisáramos a los encarnados y contáramos cuántos caminaban completamente solos. Sólo contamos con uno entre la multitud. Entonces nos hizo notar que una persona nunca está sola. Siempre hay alguien acompañando y ayudando, si no perjudicando. Por ello, debemos acostumbrarnos a no utilizar nunca el pronombre en la primera persona del singular, sino siempre en el plural.

Todavía quiero hablar de otras cosas. La Navidad, por ejemplo, que también celebramos. Ya en la víspera, escuchamos una hermosa explicación con la recomendación que no debemos celebrar la Navidad de forma egoísta. De acuerdo con la sugerencia, el grupo, siempre seguido por el mentor, buscaba a una familia necesitada de consuelo; y, entonces, se apresuraba, intuyendo que uno a uno les llevaría lo necesario para que el estómago insatisfecho no les impidiera pensar en Jesús.

---

[7] En el libro *"Llama eterna"*, el undécimo de la serie, Luiz Sérgio, a través de la mediumnidad de Irene Pacheco Machado, aporta más aclaraciones sobre este tema a la luz del Antiguo Testamento, bajo el prisma de la Doctrina Espírita.

Jesús es alabado en cada trabajo y reunión que tenemos. Se nos enseña que fue admirable en su abnegación. Y su mérito es tan grande que no conocen a nadie que pueda lograrlo.

Así que, como ya he explicado, pasé mi primera Navidad en el espacio. Ya con la misión cumplida, me recogí para rezar y, por primera vez aquí, recé con verdadera devoción. No recé por nada para mí, pero sí por algo de alegría para mis padres, que ahora sólo se quedan con mi hermano.

Hoy he recibido permiso para venir de visita y dejar mi mensaje. Le agradezco la oportunidad y le pido disculpas si no tengo un espíritu jocoso, apto para divertir. Otro día volveré cuando pueda y tenga algo interesante que contar. Quiero describir la pequeña ciudad donde vivo. Lo encontrará muy curioso.

Mensaje del 27/12/1973.

Capítulo 5 La Colonia Donde Vivo

*...un núcleo tan bien formado con casi todo lo similar
a nuestras pequeñas ciudades.*

¡Que Jesús esté contigo!

Así es como deberíamos empezar nuestros mensajes, sustituyendo las convencionales buenas noches. Esto se debe a que, siendo Jesús - o habiéndolo sido - un hombre bueno, cuya filosofía exudaba raros perfumes como el amor, la caridad, el perdón, etc., lógicamente, quien piense en él tendrá una buena noche. Se trata de colocar la mente en una corriente de pensamientos poco egoístas, en comunión con otras criaturas que también se colocan en una corriente de pensamientos egoístas; esto tiene una gran influencia en el metabolismo espiritual - si se puede decir así - y, en consecuencia, traerá buenas influencias al curso normal del cuerpo físico.

Cuando pensamos en Jesús lo hacemos con respeto y siempre lo imaginamos según los atributos que le dieron los apóstoles cuando escribieron los Evangelios y que nos ofrecen la imagen de un Espíritu perfecto, la meta de todos nosotros. Por eso, cuando deseamos que Jesús esté con alguien, nuestra intención es que esté en comunión con él y, por tanto, que sea perfecto.

Prometí escribir una descripción de la ciudad donde vivo. Realmente puede llamarse así, aunque no es muy grande. Es un lugar de tránsito. Eso significa que no nos detenemos mucho en él. Me han dicho que desde allí uno se reencarna o se traslada a otros lugares, según sus posibilidades.

Muchos hermanos ya han descrito lugares similares, me dicen. Sin embargo, para mí es una novedad encontrar de repente un núcleo tan bien formado con casi todo lo que se parece a nuestras pequeñas ciudades. ¡Y esto después de haber "muerto"!

Quiero decirle algo sobre ti. El aspecto de tu aura está formado por partículas intercaladas con varios tipos de colores. Es una regla general observar el aura coloreada en tonos característicos más o menos uniformes. Tu aura es interesante. Parece estar formada por trocitos de todos los colores, que varían rápidamente, transformándose en una mezcla de colores, de tal manera que no se puede juzgar con precisión qué sentimiento es el predominante en ese momento. La impresión es que se puede disimular el aura misma, o separarla como un prisma, descomponiendo la luz que emite.

Esto lo he aprendido a ver recientemente. El mentor explicó que el aura indica el estado de ánimo y enumeró los principales colores y sus significados.

Cuando llegué, te observé. Era una mezcla tal que no pude deducir nada. Estaba confundido. Ahora vuelvo a pedir una explicación de su caso.

La tía Ernestina[8] vino a verme. No la conocía, ni recordaba haber oído hablar de ella. Hablamos largo y tendido, en efecto. Me dijo que actuara como una persona responsable, porque sólo los espíritus serios, con propósitos elevados, consiguen merecer la atención de los mentores generales, de esos hermanos de gran sabiduría. Me aconsejó que me dedicara con diligencia al trabajo, mostrando el verdadero interés que tengo, y que no fuera tímido al preguntar sobre lo que deseaba saber.

También me aconsejó que no ignorara ninguna información por poco importante que pareciera.

Me contó algo sobre su vida en otra colonia. Le agradecí mucho a la tía Ernestina y se marchó prometiendo volver incluso antes que me trasladaran de colonia.

Sí. Se me olvidó decirle que tal vez me trasladen a otra ciudad que me ofrezca mejores medios para estudiar. Dicen que, si me gusta transmitir conocimientos, es necesario que los adquiera. Me lo dijeron en tono serio, haciéndome entender que me daban crédito por mi iniciativa. Me ha gustado.

Creo que mi traslado aun tardará un poco, porque hay que cumplir con una serie de elementos y métodos que hay que adquirir. Sólo cuando me encuentren apto, podré ir. Estoy en la escuela primaria. Cuando lo termine, seguiré adelante.

Ya estaba escrito que vendría antes. Era necesario[9]. Mi experiencia sería corta y lo sabía. Ahora se acabó. Me estoy

---

[8] Tía Ernestina - hermana fallecida de su abuela materna y madre de la médium Alayde.

[9] Vea en *"Nuevos Mensajes"*, capítulo – 27; "La Revelación"; y *"Llama Eterna"*, capítulo – 22 "De vuelta a mi pasado", referencias esclarecedoras.

adaptando al nuevo entorno y he encontrado grandes ventajas respecto al anterior.

No podré continuar mis estudios de electrónica aquí; no me han mostrado ese camino. Me aconsejaron que estudiara una rama completamente diferente, a la que damos muy poca importancia: las humanidades; en la Tierra de los encarnados la llamamos "Ciencias Humanas." Creen que es muy importante y, en esta rama, incluyen también la Medicina. ¡Si los médicos lo supieran!

Capítulo 6 El Aura Espiritual de los Seres

La emisión de luz, su intensidad y su frecuencia dependerán de la "calidad" del espíritu.

Aquí nos encontramos en la formación de los estudios que estamos realizando. Es necesario poner en práctica y teoría. Esa es la razón por la que he venido hoy. Todo el grupo observa nuestro trabajo.

¿Recuerdan cómo describí la coloración de tu aura en mi último mensaje? Me he dado cuenta que tampoco ha podido explicar por qué. Así que acudí al mentor en busca de ayuda y nos dio una explicación detallada, tan clara que todos la entendimos. Como estamos aprendiendo a dar conocimientos y tú tampoco lo sabes, aprovecharé para explicarlo. Espero que me vaya bien.

Intenten mantener una mente libre y no quieran razonar por su cuenta. Actúen como si no supieran lo que estoy haciendo. Pongamos manos a la obra.

Las nubes rosadas pasan, reflejando los rayos del Sol. Al final del día, o al amanecer, se pegan y a menudo presentan hermosos espectáculos. Los colores se confunden y llegan hasta el naranja oscuro; y uno no sabe dónde empieza un tono y termina otro. El cielo está todo bordeado y las nubes tienen diferentes formas y diversos colores. Es la luz benéfica del Sol y se refleja y descompone cuando se encuentra con la atmósfera terrestre, que contiene polvo, varios gases y agua.

Imaginen la belleza de un cielo estrellado, lleno de puntos amarillos, azules, rojos y verdes brillantes, etc. ¿Qué reflejarían en la Tierra si la iluminaran? ¿Cómo se descompone la luz al exponerse a la atmósfera terrestre? Cada mota de polvo o gota de agua, ¿qué color presentaría? ¡Qué maravillosos reflejos serían, si todos iluminaran simultáneamente la misma oportunidad! ¡O el amanecer! Ahora bien, esto no es posible, pues son muchos y de una variedad infinita.

¿Cómo serían las mañanas terrestres si la Tierra también emitiera rayos que, aunque no tuvieran una intensidad similar, se entrelazaran o resistieran el paso de la luz del Sol - o de los soles, si hubiera varios -? ¿Cómo aparecería el ocaso o el amanecer? ¿De qué manera veríamos el horizonte?

Piensen e imaginen que cada rayo de luz, o cada partícula emitida, se encuentra con otro rayo en la dirección opuesta. ¿Qué impresión nos daría el fenómeno visto desde la Tierra? Tal vez veríamos un bombardeo policromático de partículas que se modificarían o engrosarían, formando un hermoso juego de colores abigarrados en constante mutación.

Y sería, entonces, una visión de pequeños soles que se encenderían y luego se apagarían ininterrumpidamente para dar paso a otros, en secuencia instantánea. Sería una pena que nuestros ojos no pudieran observarlo. Veríamos el resultado del fenómeno en su conjunto: los colores predominantes, resultado de las dominantes físicas que ejercieron la mayor influencia en la combinación de colores. Y diríamos, como nosotros, que el cielo es anaranjado, rosado, rojizo…

Sin embargo, si nos fuera posible disponer de nuestros propios órganos para seleccionar los componentes cromáticos de este fenómeno, veríamos una lluvia de luces modificando sus tonalidades hasta el infinito, en un juego de colores deslumbrantes.

Sin embargo, la Tierra no es luminosa. ¡*Pero el espíritu sí*!

Su luz depende de la mayor o menor intensidad con la que participa en la vida de la criatura. Su metabolismo emite una energía diferente o paralela a la física. Esta energía liberada en partículas que emanan alrededor del campo de acción del espíritu, que es el cuerpo, más intensamente en algunas partes y menos en otras, según la actividad del momento - a su alrededor hay seres que también emiten luz - *es el aura espiritual de los seres*. La emisión de luz, su intensidad y su frecuencia dependerán de la calidad del espíritu. Hay quienes irradian poca energía; hay quienes emiten monótonamente el mismo tipo o forma de energía; hay quienes son parsimoniosos, que guardan para sí la mejor fuerza para transferirla en el sentido físico, etc.

Sin embargo, hay quienes, en determinadas ocasiones, emiten ráfagas violentas de energía y quienes emiten abundante energía, pero con una frecuencia regular, sin violencia. Esta emisión de energía forma la llamada "*aura emocional o psíquica*" que caracteriza los sentimientos del individuo. Como cada frecuencia corresponde a la manifestación de un color, el aura toma el color que se relaciona con lo que el espíritu está sintiendo o pensando.

El aura espiritual sólo es influenciable por agentes externos que también son luz espiritual, o están siendo producidos por elementos espirituales. Cuando dos auras resplandecientes se encuentran, digamos de color azul, este color se refuerza y aumenta muchas veces su intensidad, un color que representa la caridad, como el rosa, éste se oscurecerá y la luz que hará brillar a las partículas que chocan será roja, a menos que la energía emitida por el rosa sea tanta que elimine la intensidad de la emisión roja. Si el aura choca con varias auras al mismo tiempo, azul, amarilla, lila, etc., veremos formarse y desaparecer miríadas de meteoritos, cada uno de un color diferente, según la energía con la que esté cargada cada partícula.

Esa fue la razón por la que me confundí con tu aura. Yo mismo estaba influyendo en ella y ya estaba provocando alteraciones en su coloración.

También había otras personas que deseaban enviarte sus pensamientos, lo que les hacía enviar en tu dirección un chorro de energía que chocaba con tu aura y producía el fenómeno que yo observaba. ¿Cuál era el color inicial del aura? No pudo decírnoslo en su momento porque, a medida que cada ser se desarrolla, presenta diferentes modificaciones, y el estudio de todos estos detalles depende realmente que poseamos los dones espirituales de la intuición y la clarividencia.

Espero que haya entendido más o menos lo que he explicado.

Si estaba contento con mi explicación, ya estoy empezando a aprender.

Mensaje del 14/2/1974.

Capítulo 7 La Estancia de la Luz Divina

Dicen que es una estancia de paz para las almas atribuladas que vienen de la experiencia terrestre

Hoy vuelvo con gran alegría porque mi madre está aquí. La alegría llena mi corazón. Ya me he reído junto a ti, mientras contaba chistes. Afortunadamente para todos nosotros, eran saludables y no reflejaban en absoluto las bromas mordaces tan comunes entre nosotros cuando estamos encarnados. Aquí, como ya he tenido ocasión de observar y decir, no se ve con buenos ojos la crítica mezquina con la que nos deleitábamos antes, ni la sátira que nos hacíamos unos a otros.

Sigo aplicándome a mis estudios y creo que conseguiré, después de todo, transmitir algunos conocimientos científicos más, para poder organizar una teoría sobre el tema que ya he iniciado. Espero poder explicarlo y que pueda entenderlo, para que todo sea inteligible. Tú serás la secretaria del "científico." Esto es una broma, por supuesto. Sólo quiero ejercitarme bien para futuros trabajos que quiero hacer.

Nuestra vida transcurre más o menos como ya he explicado: estudiar, trabajar y también divertirse. Aquí hay fiestas, tranquilas, sosegadas, con música a gusto de todos. Incluso se tocan algunas composiciones populares, pero sólo las que expresan sentimientos sanos. Los que se basan o se inspiran en impulsos instintivos nunca los he oído tocar.

Asistí a una conferencia sobre las artes, especialmente la música, y comprendí la influencia que puede tener en la mente de las personas. La música es un medio de comunicación y uno muy poderoso. Penetra en lo íntimo con sus vibraciones encadenadas, dando el sentido exacto del impulso que originó la secuencia de notas y proporcionando la recepción del mensaje de forma más objetiva que si leemos una comunicación escrita. Esto tendría que ser comprendido por la mente, mientras que el sonido, al ser una vibración, pasa por todas las partes de nuestro cuerpo y va directamente a los centros que debe alcanzar. Es el mensaje directo. De ahí que debamos tomar precauciones, apreciando sólo aquellas composiciones que nos transmitan sentimientos que estén en armonía con nuestro deseo de evolución.

La cultura aquí es mucho más profunda, porque llega a los conocimientos básicos: los porqués que nos eran desconocidos. Cuando percibimos la importancia de dirigir nuestros pensamientos a asuntos realmente serios, o mejor aun, cuando tratamos cualquier tema con seriedad, pensamos en cuánto tiempo perdimos mientras estábamos encarnados, y cuánto envenenamos nuestro espíritu con la frivolidad con la que emitimos nuestras opiniones jocosas sobre temas trascendentales. Hoy intento mantenerme dentro de una conducta respetuosa, aunque me ocupe de asuntos menos importantes. Todo es aprendizaje.

Sigo viviendo en el mismo núcleo que ya he descrito. Me ofrece muchas oportunidades y aprovecho para observar mejor. He podido conocer cómo se gestiona y cómo se presta asistencia a todos los que llegan, como yo. Todos estamos registrados y nuestras historias se archivan junto con un registro de nuestro comportamiento.

Quería saber algunas cosas sobre mi pasado, pero el hermano que dirige este departamento me dijo que allí se guarda una noción incompleta y que en el futuro aprenderé todo lo que me sea útil. También me aconsejó que no intentara recordar para no estorbar. Me dijo que sería más interesante para mí continuar en el estudio, porque todavía hace poco tiempo que dejé el cuerpo.

Soy bien tratado por todas las personas que de alguna manera están a cargo del funcionamiento de esta ciudad - colonia -. Dicen que es un recurso de paz para las almas atribuladas que han venido de la experiencia terrestre y han descansado allí para continuar su viaje. No sé cuánto tiempo viviré allí. Se llama ***La Estancia de la Luz Divina**[10].* Ahora le he dado el nombre, porque no tenía sentido ocultarlo. Aunque tal vez no lo recuerde, una noche aparecí allí acompañado de un hermano alto, delgado y bastante simpático. Me sorprendió y desde entonces vi la inutilidad de querer ocultarle el nombre de la colonia.

No estoy seguro de por qué acabé allí, pero me parece que no fue el azar el que me llevó. No quiero decir nada hasta estar seguro. La ciudad no tiene muchos habitantes en comparación con otra que tuve la oportunidad de visitar. Pero esa es enorme y la población es muy grande. La zona que

---

[10] En el libro *"Los Miosotis vuelven a florecer"*, Luiz Sérgio nos habla de la Colonia Miosotis, donde es invitado a vivir.

ocupa es extensa y las casas están colocadas más juntas. Nuestro mentor dijo que hay muchas colonias para albergar a los espíritus y cada una de ellas tiene sus propias características, con el sentimiento común de ayuda que existe en todas ellas como propósito principal.

El otro día cruzamos los límites de nuestro país. Fuimos a visitar las alturas de los Andes. Allí vimos muchas cosas interesantes. Fue un viaje de estudios y conocimos los inicios de la civilización. Ahora vamos a encontrar serios desacuerdos en la Tierra. La civilización no empezó en Oriente, dicen, sino aquí mismo y los Altos Andes guardan, al menos espiritualmente, los restos de nuestra vida anterior, cuando nuestra civilización era embrionaria. De aquí pasó a otras partes del mundo. Es cierto que la Tierra, en ese momento, tenía otra apariencia y los mapas antiguos que me mostraron difieren mucho de los que conocemos hoy en día que describen la superficie del Globo.

Todavía no puedo hablar mucho de ello, porque no he profundizado.

Hoy me encuentro más feliz que otros días. ¿Saben por qué? Mi madre ha sido capaz de percibir mi presencia. Tengo un gran deseo de presentarme a ella, pero no encuentro los medios. Esperaré pacientemente. Por favor, dale mi amor y dile que bendiga a su hijo que fue, es y será siempre el mismo. Quiero que sepa que soy feliz y que hoy me quedaré a su lado hasta el amanecer. Hablaremos, si Dios lo permite, cuando ella esté descansando.

Nota: La referencia hecha al principio del mensaje a las bromas se resume en el hecho que después de la cena cada uno contó un hecho gracioso. Nos reímos mucho.

Mensaje del 12/3/1974.

Capítulo 8 La Catedral del Sonido

... De repente, aparecieron cúpulas resplandecientes que irradiaban una luz diáfana...

Con gran alegría vengo a dar mi mensaje de hoy, porque estoy realmente satisfecho de los progresos que estoy haciendo, gracias a la ayuda de todos mis amigos: los que están aquí y los que están vivos, y los que ya no están. Lo que es vivo para ustedes se transmite a mí y viceversa.

Así es la vida, una continuidad cada vez más impresionante, no porque provoque miedo, sino porque nos trae incesantes novedades y cosas hermosas que nunca imaginamos encontrar.

¡Mira lo que hemos descubierto!

En una vasta meseta, como la que encontraríamos en la cima de los montes Urales, rodeada de hermosos pináculos nevados, aparecieron de repente cúpulas brillantes, que irradiaban una luz diáfana en un lugar donde nunca imaginé que hubiera alguien viviendo.

- "Es una ciudad perdida", pensé.

No, no lo era. Nos acercamos y vimos que los edificios eran hermosas obras de arte.

- "¿Quién habría hecho eso?"

Nos acercamos aun más. Los colores que irradiaban de la obra artísticamente diseñada producían un efecto de estrellas que brillaban con el resplandor del sol, con tal intensidad que apenas podía fijar la mirada.

Intentaba recordar si había estudiado ese lugar cuando se me ocurrió que ya era un espíritu y que, por lo tanto, esa hermosa ciudad o edificio estaría hecho de materia fluidica y no de materia densa. Como ven, a veces seguimos olvidando que ya somos espíritu.

Me instalé con los demás en el lugar. Estuvimos mucho tiempo dando vueltas e intentando aclimatarnos para poder penetrar, hasta que poco a poco conseguimos llegar a un majestuoso edificio todo cubierto de gemas de un azul reluciente, que tenía en su interior una luz diáfana que no sabíamos de dónde procedía, pero que centelleaba en el techo, del que colgaban estalactitas de formas artísticas y originales. La elaboración fue realizada por mentes de espíritus de gran capacidad artística y grandes conocimientos.

Era una catedral: *La Catedral del Sonido*.

Esto se debe a que allí todo se transmitía a través de sonidos armoniosos y suaves que nos decían o nos hacían sentir exactamente lo que querían expresar. Nada más entrar, oímos un alegre murmullo de sonidos que parecía darnos la bienvenida. Entonces se produjo una conversación entre nosotros y los sonidos. No entendí lo que querían decir, pero sentí una intuición que me llevó a creer que alguien a quien no veía nos decía que el momento era solemne para nosotros, ya que estábamos admirando una obra de gran elevación artística y que sólo los espíritus de la elección podían haberla diseñado. Los "constructores" debían tener cualidades excepcionales para lograr ese resultado. No sé si lo pensé o si lo oí, pero estoy seguro que lo sentí a través de los sonidos cristalinos que llegaron a mi espíritu.

Entonces sentí una invitación a la oración.

Me retiré en oración y al levantarme vi formas blancas y mariposeando que emitían una música sublime, como si estuvieran conversando. De ellas salían chorros de luz de varios colores, que se reflejaban en el ambiente dando diferentes colores, según los sonidos que emitían. El sonido salió como si esas formas lo emitieran desde sí mismas, desde su conjunto, porque no fue pronunciado por un órgano vocal, sino que fue "vibrado" por ellas mismas - las formas.

Me quedé extasiado y en cuanto intenté investigar lo que veía, me desconecté del contacto que estaba teniendo y dejé de observar la causa de los sonidos que podía distinguir.

Nuestras mentes estaban tan embelesadas que no pudimos intercambiar ningún comentario mientras estuvimos allí. De hecho, este tema sólo quedó en observación. El mentor nos dijo que habíamos recibido una rara oportunidad de conocer el grado de evolución que debemos alcanzar para dominar científicamente los problemas de la Física, o más particularmente, de la electrónica, para poder dar, cuando estemos de nuevo en la Tierra, un mayor impulso a nuestros conocimientos.

No pude evitar venir a decir estas cosas. No creo que haya oído hablar de ellos. Todavía estoy bajo la influencia de la impresión que tuve.

Mensaje del 6/5/1974.

Capítulo 9 El Estudio, el Tiempo y el Espacio

El "tiempo" no existe, o se cuenta de manera muy diferente, porque prácticamente no hay problema de espacio

Estamos estudiando el entorno escolar en la Tierra. Comprobamos cómo se organizan los programas de trabajo y a qué directrices espirituales obedecen. El aprendizaje que hacemos es general, como si estuviéramos preparando una base para estudios posteriores. Esto se puede comparar con el curso que nos prepara para entrar en la universidad, si aprobamos el examen de ingreso.

No es fácil conseguir adquirir estos conocimientos elementales, porque nos acostumbramos a los métodos de nuestra sociedad y a los valores que considera necesarios para hacer que el alumno sea apto para la actividad a la que está destinado.

Nos dimos cuenta de ello y se lo comunicamos a nuestro mentor. A continuación, sugirió que estudiáramos la evolución de los métodos educativos desde la primera infancia.

Hicimos investigaciones en muchos ambientes y registramos todo lo que encontramos notable, como las diferencias de carácter, las tendencias espirituales y las pruebas kármicas de cada elemento observado.

Ahora estamos en una escuela infantil donde intentamos observar el comportamiento de los niños y de los profesores. Nos encontramos en perfecto acuerdo entre nosotros. Estos espíritus tienen los maestros que se merecen, con raras excepciones. Esto se debe a que todo estaba ya preparado y cada persona ocupa el lugar que le corresponde dentro de la sociedad.

Así, cada espíritu recibe las enseñanzas necesarias para su aprendizaje y cada maestro mantiene el contacto que debe con aquellos a los que tiene que llevar una buena semilla, para que luego produzca buenos frutos.

Los sembradores son siempre personas que luchan por su propia mejora, incluso los que aportan un gran conocimiento de los métodos. De hecho, estos son los principales.

Mi vida aquí es lo mejor que puede ser. Sigo viviendo en la misma pequeña ciudad. Pero viajo mucho por estudios. Todo nuestro grupo se desplaza. Viajamos por el mundo y ya hemos entablado grandes relaciones con hermanos de otras tierras, pero aun no hemos estado en la India ni en China. Esperan que tengamos mayores conocimientos para servir mejor al espíritu de estos pueblos.

Estamos terminando el estudio sobre la educación de los niños y haremos lo mismo en otras sociedades terrestres para hacer comparaciones y sacar conclusiones.

Aquí no sólo hay trabajo. También nos divertimos, damos largos paseos y hacemos excursiones de recreo.

El tiempo no existe, o se cuenta de forma muy diferente, porque prácticamente no hay problema de espacio. Nuestro pensamiento, en función de nuestra capacidad para emitirlo, nos lleva rápidamente a donde deseamos ir. Los obstáculos suelen estar provocados por nuestra incapacidad y a veces por el entorno en el que nos encontramos. Todavía es posible evitar que el entorno sea un obstáculo para nuestro movimiento. La práctica puede enseñarnos a superar este pequeño obstáculo. Sin el recurso de la volición es más difícil caminar, pero no siempre podemos utilizarlo.

La volición es la capacidad de poder moverse como se mueve la luz; es decir, en pequeños impulsos. Son tan rápidos que no percibimos, pero nos proyectan con mayor ligereza y sin la ayuda de los miembros locomotores.

Cuanto más rápido se produzca este desplazamiento, mayor será la capacidad del espíritu para emitir estos impulsos.

Aprendí a moverme así y seguí estudiando cómo era posible. Sí, funcionamos como un motor, o mejor, como un reactor que produce infinitas modulaciones capaces de provocar uniformemente una descarga en un tiempo mínimo, en el sentido de mover el área circundante, formando un vacío, proyectando el cuerpo hacia adelante. Este vacío se formaría en la dirección exacta de la dirección a seguir. La presión opuesta "empujaría" el cuerpo.

Verán, no somos nosotros los que caminamos. Nos impulsan las fuerzas de la propia naturaleza. Todo lo que tenemos que hacer es crear las condiciones.

Creo que ha entendido una pequeña lección. Intenten pensar en ello, porque le será útil cuando cambie de plano. Ahora es imposible tener éxito. Llegará un momento en que el hombre encarnado podrá caminar con más facilidad y sin desgaste. La propia gravedad será un problema del pasado, pero esto no lo puedo explicar todavía. Se dejará para una lección posterior.

Ahora vuelvo a mis asuntos. Recomiéndame a mis padres. Dígales que se tomen las cosas con calma bajo cualquier circunstancia, porque todo está bien.

Mensaje del 20/6/1974.

Capítulo 10 El Archivo Mental

...los genios no ganaron su ventaja sobre los demás sólo en la encarnación en la que se hicieron evidentes.

¡Que Dios bendiga a los que sirven!

Cuántas veces desearíamos dejar una información oportuna a los seres queridos que están en la Tierra, todavía encarnados, y no encontramos los medios para hacerlo. La simple intuición no siempre se asimila, porque suele ser habitual en aquellos encarnados que se esfuerzan por lo que en la sociedad se considera importante adquirir. Como la estructura espiritual de los niveles de las criaturas no siempre se mide con los mismos pesos que los de la sociedad, la asimilación no es posible si falta la alerta espiritual en forma de educación en este sentido. Es necesario que todos nos detengamos en las verdades eternas de lo que es eterno en nosotros: *el Espíritu*.

Sí, debemos mantener nuestra vida encarnada de acuerdo con el entorno en el que vivimos, pero nunca actuar en detrimento de nuestro progreso espiritual, porque fue para evolucionar que se nos concedió la encarnación en un entorno propicio para el aprendizaje indispensable para esta evolución.

Nunca está de más recordar a nuestros hermanos y hermanas encarnados la necesidad de conducirse de manera que mantengan la vigilancia en todos los sectores de sus actividades, de manera que abarque su conducta personal, incluso en los momentos de soliloquios reservados. Es en nuestro interior donde se elabora la conducta que se manifiesta en el contacto con los demás. Cuando no conseguimos conducir adecuadamente nuestras reacciones internas, éstas, al exteriorizarse, presentan disonancias, que a menudo provocan conflictos entre la forma en que deseamos ser y la forma en que realmente nos presentamos ante quienes nos rodean. Tengan en cuenta que no aconsejamos que se ponga una máscara para impresionar o mantener una situación falsa. Aconsejamos, más bien, la perfecta comprensión de las condiciones que deben establecerse para que nuestras reacciones se exterioricen normalmente, o, mejor dicho, se expresen en contacto con las criaturas, de forma coherente con los principios vibratorios elevados del cosmos superior.

Si esta lección es muy difícil de entender, es porque todavía no hemos intentado elaborar, en nuestro interior, una perfecta armonía de intereses espirituales, hasta el punto de traducirlos en formas de conducta apreciables en el sentido de estar al unísono con los intereses de la Creación.

Todos somos criaturas que iniciaron un vasto proceso de desarrollo evolutivo que comenzó hace muchos milenios, y ya hemos pasado por muchas etapas en las que nuestra voluntad no pudo tener ninguna influencia, porque aun no estaba perfectamente desarrollada. Se expresó en el intenso deseo de vivir, y ese impulso inicial de vida se transformó gradualmente en el deseo de mejorar las condiciones de esa vida, a veces en pequeños progresos biológicos, a veces conquistando y ampliando los medios de supervivencia y el apoyo material.

Mirando desde este ángulo, podemos afirmar que la inteligencia, o más bien el principio inteligente, está en nosotros desde la célula primitiva que generó nuestro organismo periespiritual. Esta inteligencia debe poseer medios cada vez mayores para revelarse a través de una mente progresivamente desarrollada.

Sin embargo, esta conquista la hace el propio individuo, y mucho más rápidamente ahora en la etapa actual en la que se encuentra la humanidad, porque ya tiene condiciones para, por así decirlo, provocar la reforma de las células - archivo de su mente espiritual. Estas células podrán contener una mayor cantidad de información necesaria, en el momento en que tengan que responder sobre la forma correcta de conducirse el individuo ante las leyes espirituales que rigen la evolución en este campo.

Todo el mundo sabe que un espíritu no puede manifestarse de forma normal si su cerebro está atrofiado. Los intentos de traducir sus ideas al plano físico se convierten en expresiones débiles e ininteligibles para los demás. Sin embargo, en un cerebro bien formado y sano, puede llegar a la culminación de introducir pensamientos absolutamente nuevos en el entorno en el que vive.

Para mantener la mente en constante progreso, es indispensable que archivemos incesantemente nuevos conocimientos, que pueden ser de dos tipos:

a) información que recibimos a través de otras mentes;
b) elaboración del individuo que realiza investigaciones en el campo subjetivo, encontrando, a través de su trabajo mental, conocimientos deductivos. Es decir, a

partir de su percepción subjetiva, consigue establecer otras normas que le llevan a adquirir conocimientos colaterales, o a menudo esenciales, que se incorporarán a la colección de la sabiduría del espíritu.

Las nociones alcanzadas y elaboradas con la ayuda del cuerpo son más "resistentes", se fijan mejor. Esto es tan cierto que los espíritus se preparan en su fase menos densa y luego se encarnan para conquistar lo que han aprendido.

Las experiencias terrestres de la encarnación se conservan mejor en la mente espiritual y ayudan al espíritu a desarrollar físicamente el cerebro que recibirá en la próxima encarnación.

Podemos afirmar sin equivocarnos que los genios no conquistaron su avance sobre los demás sólo en la encarnación en la que se hicieron evidentes. Fue el trabajo de mucho tiempo.

Debemos insistir en la necesidad de dar a nuestra mente una información que la lleve a archivar datos favorables a su desarrollo. Si archivamos las desfavorables, las respuestas serán quizás confusas, erróneas o, incluso, puede haber conflicto cuando lleguemos a la fase de elaboración subjetiva. A menudo ha sido necesario "borrar" una gran cantidad de información – memoria - de los espíritus para que puedan recuperar el equilibrio necesario para su evolución. Este es el caso de los "momificados espirituales" que a veces permanecen así durante milenios, hasta que desaparece toda la carga destructiva que han archivado erróneamente en varias vidas terrestres.

También hay quienes destruyen los centros nerviosos del cerebro material por efecto de un acto de su propia conducta – suicidas -. Entonces, la lesión que afectó a la materia del componente cerebral - el único medio que dispone la mente para manifestarse - se transmite a la estructura mental del espíritu, que sufre el impacto regresivo, quedando enferma, es decir, dañada, necesitada de reajuste[11].

Y todo ello está muy bien organizado, hasta tal punto que nos cuesta creer que pueda existir tal precisión. Todo está previsto en los más mínimos detalles y apenas un espíritu puede presumir de poseer un archivo mental perfecto. O, corrigiendo lo que dije, ese espíritu naturalmente no se jactaría y mucho menos lo haría, pues sería perfecto y eso está aun muy lejos de ser alcanzado por la humanidad terrenal, que ni siquiera puede tener el anhelo supremo de encontrarse con uno de ellos.

Perdone mi "indigestión científica." Hoy he venido con una riqueza de conocimientos mucho mayor. Sólo que lo que he transmitido es una pálida réplica de lo que he escuchado. He podido recoger en este mensaje lo que he podido obtener de información y elaboración subjetiva. Los que lo lean, probablemente utilizando lo elaborado por mi mente y registrado como información, lo elaborarán ellos mismos. Resultado: acabarán sabiendo más que yo; es decir, llegarán a conclusiones más avanzadas.

Dile a mamá que me va muy bien y que todo está bien.

Mensaje del 14/7/1974.

---

[11] En el libro *Manos Extendidas*, Luiz Sérgio desarrolla esta información, relatando innumerables procesos de desencarnación, incluidos los de suicidas.

Capítulo 11 En el Servicio de Desencarnación

...se vio una luz radiante que envolvió a todos y maravillosos sonidos, procedentes de no sé dónde.

He estado muy ocupado, ocupándome de algo nuevo para mí. Estaba ayudando a la desencarnación de una persona que conocía y que todavía estaba pasando por un juicio. Acompañé todo el trabajo de los hermanos y hermanas más experimentados y vi muchas cosas que nunca entendería si estuviera encarnado. Me gustaría dar una explicación de lo que vi y cómo entendí el proceso de desencarnación.

Hacía unos meses que sabía de la llegada de esta criatura al espacio. Me recomendaron que no dijera nada a nadie. Cumplí mi promesa y por eso me dieron la oportunidad de acompañar la desencarnación.

La enfermedad que victimizó al hermano estaba vinculada a motivos kármicos y constituía una oportunidad sagrada de redención. El sufrimiento que conlleva esta enfermedad purifica el espíritu y le permite percibir el alcance de ciertos vicios sedimentados en sus diversas fases evolutivas, así como los sentimientos de ira, de venganza y otras inclinaciones malignas que aun poseemos. Esto debe ser estudiado más profundamente por la psicología médica. No sé si entienden que la Medicina debe basar sus tesis en las reacciones psicológicas del individuo. Si la criatura no puede dominar su propio cuerpo, no podrá curar las enfermedades y mucho menos evitarlas. La fuerza que protege al hombre de los males que atacan su cuerpo y desequilibran su mente descansa en el espíritu.

La persona de la que hablo necesitaba permanecer en el cuerpo hasta que "llegara el momento", como se dice. Hay una razón de peso para ello. Ningún hermano que le asistiera pretendía aliviar su sufrimiento anticipando su salida del cuerpo. Escucharon al paciente, le dieron pases y tomaron medidas para ayudarle a fortalecerse espiritualmente. Me di cuenta que observaban al paciente con atención. Siempre había un hermano cerca de él, como si fuera una enfermera. Cuidaron mucho su equilibrio mental.

Un día no pude contener mi curiosidad y formulé la clásica pregunta que, según me informaron más tarde, suelen hacer todos los espíritus en mi estado. El médico le explicó pacientemente que no había que hacer nada antes de tiempo. Si el espíritu es sacado sin la debida preparación, puede ocurrir que lleve una gran carga de enfermedad, lo que dificultaría su convalecencia en el espacio; que sería mucho mejor que sufriera un poco más en el cuerpo, para disfrutar mejor y más rápido de la liberación. Cuando ocurre, naturalmente debido a la inexperiencia, que la persona se retira antes del momento propicio, sufrirá más tiempo como desencarnado. Por lo tanto, no hay ninguna ventaja.

Los espíritus que se dedican a ayudar a los desencarnados tienen mucha práctica y saben ver el momento exacto del desprendimiento. Es como recoger una fruta; sabemos cuándo está madura. Esto es lo que ocurre. Cuando se acerca el momento de ser retirado, se advierte al espíritu que pronto dejará de sufrir. Se les da pases que le transmiten fuerza y muchos incluso consiguen mostrar mejoría, engañando a los familiares que les rodean, haciendo que la tensión emocional entre ellos se describa. Es el valor que fortalece el espíritu para la desconexión final. Es interesante observar esta desconexión. Como todavía soy un estudiante y no he aprendido casi nada, no puedo explicar de forma más clara o científica cómo se produce el fenómeno.

En el caso que informo, se hizo una llamada al espíritu, para hacerlo regresar al plano de la espiritual, y se mantuvo una conversación telepática con él. No sé lo que le dijeron. No lo capté. El hermano ya estaba cansado de sufrir y después de entender el mensaje mostró interés en comprobar quién estaba presente. Se encontró con uno de nosotros y le envió pensamientos de afecto, lo que hizo que los hermanos que lo observaban mostraran una gran calma y, aparentando saber lo que hacían, siguieron presentando bellas imágenes al hermano, según sus posibilidades de entendimiento y comprensión.

Entonces una luz radiante envolvió a todos y llegaron sonidos maravillosos de no sé dónde. Incluso el perfume se esparce por ahí. Pronto, las formas errantes se hicieron visibles para nosotros, pero el hermano no se dio cuenta.

Muy lentamente, el espíritu fue llamado a salir del cuerpo. Poco a poco se fue desprendiendo, como una cáscara – cuerpo -. Salía por todos los poros, según parecía.

La desconexión final ocurrió más rápidamente. De repente, después que uno de nosotros le sujetara las manos, se sintió atraído y se "soltó" del cuerpo, que cayó. No se dio cuenta del momento exacto y final de su desencarnación, ya que rio con satisfacción mientras nos abrazaba y pronto cayó en la somnolencia, que dicen es natural. Fue llevado a las cámaras de descanso para ser atendido hasta su recuperación.

No es bueno que los espíritus recién desencarnados se queden solos sin alguien que los cuide en esta fase inicial. Hay peligros a los que están expuestos e incluso pueden ser muy maltratados. Imagínese que se nos hubiera ocurrido esto si no lo hubiéramos visto.

El interés es que nadie es consciente de lo que ocurre y que sería posible, incluso para los encarnados, acompañar la fase de desencarnación.

Cada persona se enfrenta a la "muerte" de una manera diferente. Sin embargo, las fases son casi las mismas para todos. Según nuestro mentor, hay quienes son apresurados, impacientes, que quieren deshacerse de los sufrimientos físicos lo antes posible y acaban arrastrando muchas manchas que hay que borrar después. Hay quienes están demasiado apegados al plano físico y tratan de engañar a los responsables de la operación para permanecer un poco más en el cuerpo; éstos tienen un sufrimiento más prolongado y también se van decepcionados, sin esperanza y realmente cansados. Al salir en rebeldía, porque desean quedarse, sufren doblemente. Hay quienes son expulsados del cuerpo porque de repente ya no tiene las condiciones para servirles, como me ocurrió a mí, que no me di cuenta en ese momento que había desencarnado. Todavía no he estudiado bien mi caso. No quisieron tocar el tema, porque son unánimes en pensar que no hay necesidad de hacerlo ahora. Hay quienes destruyen sus cuerpos y regresan en condiciones muy precarias. La situación de estos espíritus es tan triste que no tengo ganas de contarla.

Las desencarnaciones siguen todas las etapas predeterminadas por las leyes cósmicas. Se aplican independientemente de la voluntad de cualquier persona, lo que no impide que sean violadas. Como la corrección es inherente al error cometido, se aplica como resultado de la propia violación. Hay factores atenuantes y agravantes que pueden suavizar o agravar las consecuencias de las violaciones, pero ninguno de ellos depende de nuestra voluntad de disminuir los sufrimientos. Podemos calmar a los que sufren, darles ánimo y esperanza, pero no tenemos el poder de eliminar sus pruebas, o, mejor dicho, sus reajustes.

Todos estamos muy equivocados cuando nos encarnamos, cuando vamos a juzgar la vida de nuestros semejantes. Recuerdo haber oído hablar de ciertas personas que eran tan buenas y, sin embargo, tuvieron que pasar por pruebas tan grandes. Esto siempre me ha desconcertado y no he podido entender por qué. Ahora, con una visión más amplia de nuestra vida, entiendo todo esto. De nada sirve que queramos escapar de la Ley, porque ésta está grabada en nosotros. Se manifiesta como el principio de nuestro estado. Sin ella no "seríamos." Hemos oído que Dios tarda, pero no falla. Dios es el Creador, por lo tanto, Él es la Ley. ÉL está dentro de nosotros, por lo tanto, la Ley también reside dentro de nosotros.

Como la evolución se procesa a través del perfeccionamiento de la criatura conforme a los moldes deseados por el Creador, las leyes que rigen esta evolución son simplemente némesis que conducen al individuo, a través del aprendizaje, a la conquista de grados de comprensión cada vez más altos que le permiten alcanzar los peldaños evolutivos, cada vez más altos o elevados.

INELEVADOS - este es un nuevo término que estoy utilizando. Cuando decimos "alto" nos viene naturalmente la idea de altura, como solemos admitir. Pensamos en un edificio alto, en las nubes, en la luna, y llegamos hasta las estrellas. "Intervalo" es para la elevación interior que no expresa la altura, sino la condición. Las criaturas no se sitúan "más arriba" en el sentido de la distancia al suelo porque están evolucionando. Adquieren condiciones para poder vivir en sintonías especiales, incluso entre criaturas menos evolucionadas. Oyen, piensan, sienten y transmiten de forma diferente. Sienten de forma más sutil, menos impulsiva, no se malgastan inútilmente en esfuerzos necesarios, porque tienen condiciones para operar con más aptitud sin mucha pérdida de energía. Viven entre todos nosotros, encarnados y desencarnados, y muchas veces pasan desapercibidos porque no provocan impactos, no se muestran de forma convincente a los demás. Estos son *inelevados*. Sé que este término no es muy conocido, pero quería utilizarlo porque espero que usted también lo conozca.

Hoy he hablado de cosas muy serias. Habría que hablar de algo más ligero.

El otro día aprendí a entender la diferencia entre una persona que está parada y otra que camina. Una de ellas llevaba su cabeza toda envuelto en nubes negras y el otro llevaba una forma oscura al lado. ¿Cuál es la diferencia entre las dos criaturas?

¿Eres capaz de resolver este enigma?

Está claro que la similitud es grande, porque ambos se encuentran en una situación nada agradable. Pero nosotros, que conocemos los males de nuestras pruebas espirituales, sabremos responder. Analicemos:

- Una de ellas está caminando;
- La otra está detenida;
- Una está envuelto en nubes negras;
- Y la otra tiene un perseguidor oscuro cerca. Caminar es moverse y el que se mueve siempre gana una situación mejor. La otra está parada, lo que significa que no actúa y su mente es propensa a las malas influencias.

Resultando:

- La que camina no está acompañado, porque se deshace de sí mismo;
- La que está quieta permanece así, porque no tiene energía y, por tanto, tiene una compañera amable. Ustedes dirán: "Sí, pero la que está caminando tiene su mente envuelta en nubes. Ahora, nadie le dice que se mueva en una mala dirección. ¿Por qué no actúa en sentido positivo?

* * *

Antes de terminar, me gustaría referirme al hermano que se ha reencarnado. Está muy bien y en plena recuperación, pero no podrá dar noticias de sí mismo tan pronto y es aconsejable no pensar en ello. Que descanse en un justo descanso después de tantas luchas.

Un abrazo afectuoso a todos los que me conocieron y aun me recuerdan.

Papá, mamá, Cezinha y todos, todos los familiares están incluidos en mi circuito de vibración. No olvido a nadie. Créame.

Mensaje del 11/9/1974. São Bernardo do Campo.

Capítulo 12 Cadena de Espíritus

Una cadena no se hace sin que se prolongue a través de infinitas etapas de evolución.

La vida en este plano no es un lecho de rosas. Tenemos varias luchas, en las que a menudo necesitamos utilizar una energía relativa para poder ayudar. Nuestros mentores son enérgicos y conscientes de sus obligaciones. Aquí no hay lugar para la complacencia. Los que aun no son lo suficientemente fuertes o comprensivos para mantenerse dentro de las reglas establecidas son inmediatamente invitados a buscar otro grupo donde el aprendizaje sea más suave. ¡Cómo exigen disciplina! No hay, en absoluto, recalcitrantes. Van a otras colonias donde tienen, de vez en cuando, la oportunidad de liberarse de sus obligaciones por propia voluntad, porque el trabajo que realizan no exige una atención constante y puede abandonarse sin perjuicio de los demás. Cuanto más aprendemos y realizamos un trabajo de mayor alcance, más conscientes tenemos que ser de nuestra responsabilidad y de ninguna manera podemos ausentarnos sin permiso previo. Sería bueno que todos se acostumbraran y se disciplinaran si desean progresar espiritualmente.

Verán, para venir aquí a dar un mensaje, primero hay que ser consciente del trabajo programado. Si es de tal importancia que requiere la atención de todos nosotros, nadie tomaría la iniciativa de pedir ausentarse ni siquiera unas horas.

Si vemos que es menos necesaria la presencia de todos los responsables de la misión y si ya conocemos el servicio, entonces podemos pedirle a nuestro mentor permiso para irnos, explicando el motivo.

Comienza una serie de prácticas que todo estudiante como yo debe seguir. Nos preguntan sobre el tema que vamos a tratar y hablan largo y tendido sobre él, para comprobar que lo conocemos bien. Nos advierten sobre los temas que debemos evitar; en definitiva, nos dan una orientación. Hasta entonces, no sabemos si vamos a obtener el permiso adecuado para salir. Después de esta preparación, si no hay ninguna razón por la que no se pueda hacer, recibimos el permiso y los acompañantes indicados. Estamos agrupados en caravanas, porque aun no debemos ir solos.

Cuando vengo y no me atienden, me siento decepcionado. Nuestro mentor nos explica pacientemente que esta frustración forma parte de nuestro proceso de aprendizaje. Poco a poco nos damos cuenta de esta ansiedad cuando estamos a punto de entrar en contacto con los encarnados.

Llevo una semana estudiando aquí y todo va muy bien, según la misión de cada uno. He visitado las casas de todos mis parientes terrestres. Cada uno encuentra su propio camino con mayor o menor facilidad, pero todos acaban haciendo lo que deben. Aquí el aspecto no es diferente. Hay que dejar atrás las preocupaciones inútiles y seguir adelante con el trabajo que hay que hacer.

Hablando de trabajo, he estado observando lo que hace su grupo. Me pareció muy interesante y estuve a punto de pedir participar en las expediciones nocturnas, pero como tenía otra actividad, pensé que no lo haría bien en ninguna de ellas y desistí. Como sabe, por la noche, mientras su cuerpo descansa, ustedes salen en grupo a trabajar. Los hermanos de la cadena de espíritus se unen a ustedes y vienen a buscarlos.

Cadena de Espíritus - se llama así porque el grupo de hermanos en el trabajo está vinculado a varios otros grupos en diferentes etapas de la espiritualidad, para asegurar la debida protección y tener una retaguardia garantizada, como decimos. No se puede hacer una cadena sin que se prolongue a través de infinitas etapas de evolución. Cada etapa, o cada grupo de hermanos del mismo nivel de evolución, forma un eslabón. Entonces, sí, después de lograr este vínculo, el trabajo puede comenzar.

La conexión puede hacerse de arriba a abajo o viceversa.

Hablo con estos términos para que puedan entenderme bien.

Cuando los encarnados inician estos trabajos aquí en la Tierra, rezan en un intento de formar una cadena. Un eslabón de esta cadena está formado por elementos encarnados que intentan "subir", como ustedes dicen, y mantener el contacto con otros grupos de espíritus, tan alto como puedan llegar. Es correcto hacerlo. En cada plano que consigan alcanzar, se pondrán en contacto con hermanos dispuestos a ello, que apoyarán espiritualmente su trabajo. Permanecerán en armonía hasta que la obra esté terminada, momento en el que se romperá la cadena. En este caso, la cadena se formó de abajo hacia arriba.

Sin embargo, puede ocurrir que un grupo de hermanos superiores necesite que se realice una obra en el plano terrestre y envíe el proyecto sucesivamente a varias entidades de otros estratos, señalando la necesidad del espíritu encarnado para su realización final. Se convoca a los trabajadores y, a la hora predeterminada, se forma una cadena de arriba a abajo que llegará hasta la criatura encarnada. Esta es la cadena formada de arriba a abajo. Dependiendo de la importancia del trabajo, puede comenzar muy arriba o en el plano apropiado a cargo de la misión.

Los trabajadores encarnados son invitados a dejar el cuerpo descansando y a ir, conscientes, a hacer lo que tienen que hacer. Reciben instrucciones como nosotros y siguen al grupo que está al mando de la acción. Cada uno está acompañado en esta misión por un desencarnado experimentado. Cuando comienzan su trabajo, si encuentran dificultades que no pueden superar, reciben inmediatamente la ayuda del grupo que forma un eslabón inmediatamente superior. Esto puede volver a ocurrir y entonces entrará en acción otro hasta que todo se cumpla.

Todavía no puedo explicar el mecanismo de este intercambio, pero puedo relatar los hechos que he observado. Siempre que se necesita un trabajo grande e importante, se forma una cadena que - pueden estar seguros - nunca falla. Esta es la misión que su grupo está cumpliendo actualmente.

Me gustaría hablar de otro tema. No siempre consigo decir exactamente lo que quiero, pero intento acercarme a ello. Por ejemplo, cuando decimos que todo aquí está enrarecido en relación con la materia que conocemos cuando nos encarnamos, tienen la idea que la densidad relativa está enrarecida. No, no lo es. Las moléculas mantienen entre sí los mismos espacios que en la materia. Lo que es diferente es la materia. Somos cuerpos iguales, hechos de materia diferente. Todo funciona como si fuéramos las mismas personas. Las diferencias radican en las propiedades de esta materia, que no se corresponde exactamente con las propiedades que forman el mundo de los encarnados. Es más "maleable" que la de la Tierra. Hacemos cosas diferentes con métodos distintos a los que utilizamos allí. Esto es muy interesante.

En mis primeros mensajes expliqué que podía atravesar las paredes de las casas hechas por personas encarnadas. Pero había paredes que me repelían. ¡Lo recuerdan! Ahora sé la razón y haré lo posible por explicárselo para que lo entienda.

¿Ha oído decir alguna vez que un edificio así parece tener alma?

Muchas casas, o monumentos, o cualquier cosa que se construya en la tierra, constituyen a veces una obra de tal importancia - privada o social - que muchos espíritus se esfuerzan por ayudar a construir e incluso prestan su ayuda manual, trabajando codo con codo con los trabajadores encarnados. Mientras estos últimos manejan la cal y el cemento, los trabajadores espirituales utilizan material propio del plano en el que viven los desencarnados. La obra se convierte en una doble construcción. Como resultado, tenemos dificultades para cruzarlo. ¿Lo entienden?

Prometo llevar siempre nuevas nociones a los amigos. Sé que papá, mamá, mi hermano y todos los demás leerán lo que he escrito. Sé que mamá corregirá las comas y pondrá en evidencia algunas cosas. Así es. Las madres son búhos con sus hijos en cualquier plano en el que se encuentren.

Un gran abrazo amistoso, de este amigo de todos los amigos.

Mensaje del 2/11/1974.

Capítulo 13 El Balance
de la Actividades

...que buscasen, al final de cada año, analizar las cosas buenas que hayan hecho y recibido...

Estoy aquí para darles noticias de mí mismo porque a los espíritus, cuando no estamos de servicio, nos gusta divertirnos con nuestros amigos. Como por el momento sólo puedo establecer contacto con ustedes, he llegado a tomarme su tiempo para entablar una conversación unilateral, casi un monólogo, salvo los breves momentos en los que me hacen una pregunta o hacen un paréntesis mental.

Como siempre en constante actividad, he estado trabajando y estudiando mucho. Nuestro trabajo ha sido muy interesante y variado.

Me enteré que mi padre y mi madre estuvieron aquí en tu casa hace unos días, pero no pude venir porque tenía un trabajo importante que hacer.

A medida que progresamos en nuestra comprensión, se nos imponen cargas de mayor responsabilidad y no podemos alejarnos fácilmente de nuestra misión.

Esto ocurre en todas partes y también con los encarnados. Por cierto, es muy probable que, por este motivo, a partir de ahora mis mensajes sean más espaciados. Siempre que pueda, vendré.

Mi calendario marca el final de un año que ha sido muy bueno para todos y lleno de logros. Así es como nos mantenemos al día con todas las personas que nos interesan: utilizamos una especie de diario donde anotamos las cosas más importantes que queremos conseguir y las concretadas. Sería muy bueno que todos los encarnados guardaran notas de los proyectos u objetivos que desean alcanzar, así como de lo que realmente consiguen hacer. Verán lo mucho que consiguen, aunque luego lo olviden. Sería oportuno recordarles que las lamentaciones y las quejas no siempre están justificadas.

Todos tenemos la costumbre de quejarnos de las cosas que nos molestan y no nos acordamos de las cosas que nos causan alegría; vivimos el momento feliz como si fuera un acontecimiento natural, pero cuando tenemos un pequeño problema o un fracaso en nuestros propósitos, no los afrontamos con naturalidad. Ahora bien, como la vida es un proceso de aprendizaje continuo, está diseñada de tal manera que las victorias y las derrotas, los sufrimientos y las alegrías se alternan para que podamos estar siempre afrontando nuevas situaciones y aprendiendo a resolverlas. Admitimos que debemos alegrarnos en los momentos felices, pero no podemos pensar lo mismo cuando llega el momento de sufrir por las dificultades que encontramos.

Aquí se podría hacer un inciso: "¿puede alguien estar alegre cuando está sufriendo?"

Sí, hay sufrimientos redentores que, para el espíritu que posee entendimiento, provocan una tranquilidad tal que puede considerarse felicidad. Sabe que está cruzando un valle sombrío para encontrar un campo verde más adelante.

Bien, no exijamos demasiado, porque aun no estamos tan evolucionados como para comprender la causa de los atroces sufrimientos por los que pasarán muchos hermanos y hermanas, encarnados y desencarnados. Sólo quien estableció la Ley sabe por qué debemos aprender por este medio.

Toco este tema porque me gustaría que todos los que dejé atrás - amigos y familiares - lo buscaran, al final de cada año, analizando las cosas buenas que han hecho y recibido; deben hacer un balance de las actividades del año para poder ver qué cosas buenas han hecho y qué han recibido de los demás o de la propia vida.

En mi diario suelo anotar: los lugares en los que he estado; las personas asistidas por mí o por mi intermedio, con la ayuda del grupo al que estoy afiliado; los mensajes que he dictado; las ocasiones en las que he hablado con mis padres - en espíritu -, etc. También escribo las impresiones que he tenido de los lugares que he visitado y las novedades que he encontrado; los resultados de los trabajos que he realizado o en los que he colaborado activamente; las sensaciones en mi contacto con los encarnados; los errores que hay que analizar detenidamente para corregirlos; y otras cosas.

Si lo hacen, se sorprenderán al ver todo lo bueno, útil y agradable que han conseguido en un año. No se dan cuenta de la cantidad de personas, entornos y lugares nuevos que hemos conocido. ¡Cuántas cosas nuevas archivamos en nuestra mente!

Nos sentimos muy felices cuando, el último día del año, revisamos nuestras notas. Pruebe esto el próximo año. Entonces me dirá si apoya lo que estoy sugiriendo o no.

Mensaje del 29/12/1974.

Capítulo 14 Asistencia Anónima en Navidad

... describiré lo que pude percibir y registrar
de un tratamiento renal.

He venido para asistir a una reunión muy importante y para darle algunas noticias mías.

Estoy muy interesado en aprender sobre la formación del cuerpo espiritual o más bien periespiritual. Es un estudio anatómico y fisiológico del periespíritu.

Me dijeron que todos los males que sufre la humanidad - físicos y mentales - se deben probablemente a la desorganización del cuerpo periespiritual. Entonces, quise conocer la causa de los mismos y, a raíz de este interés, me llevaron a estudiar un poco la Medicina de nuestro plano. Ya sé algo. Por supuesto, no puedo explicar muy bien lo que he aprendido, porque todavía soy un nuevo alumno. Sin embargo, ya puedo ver en el cuerpo del encarnado la parte que está integrada en él y que no pertenece al cuerpo físico; que está destinada a separarse de él en la desencarnación.

He visto algunos tratamientos administrados por médicos desencarnados, y he visto cómo y dónde actuaban.

Para dar un ejemplo, describiré lo que pude percibir y registrar de un tratamiento mental.

Los riñones del paciente estaban en muy mal estado. El informe sobre él indicaba que la enfermedad se debía a los excesos practicados en encarnaciones anteriores y que, en consecuencia, su periespíritu se había dañado en la zona relacionada con el órgano renal. Como esta persona en la presente encarnación es sobria y comedida, además de ser responsable de una familia numerosa y tener que redimir rescates que enfrenta con valor y eficacia, existía la posibilidad de requerir para ella una estancia más prolongada en el cuerpo.

Los médicos se preparaban para llevar a cabo el tratamiento: delantales, medicamentos, etc. Cuando el paciente dormía, también embotaban sus sentidos espirituales, de modo que no era consciente que estaba siendo tratada por ellos. Querían que atribuyera su mejoría al nuevo tratamiento al que se había sometido.

Pensé que iban a meterse con los riñones de la hermana encarnada, pero no lo hicieron así. Consiguieron separar una "imagen" del riñón y fue en este doble donde introdujeron el bisturí y extrajeron la parte enferma. He dicho bisturí, pero no creo que haya habido un corte. El bisturí espiritual no corta: quita, o, mejor dicho, elimina poco a poco las equimosis existentes. El trabajo requiere gran paciencia y concentración. Tenía la impresión que éramos nosotros los que aportábamos la "fuerza" o "energía" que movía el bisturí. No sé con qué puedo comparar la operación realizada. Tal vez los rayos "láser" ofrezcan alguna similitud con lo emitido por el objeto en uso

Cuando los médicos consideraron que era suficiente, se retiraron, teniendo cuidado de devolver el doble riñón a su lugar y de despertar al espíritu dormido.

No pude preguntar nada, porque era un asistente entre muchos y los médicos se fueron pronto. Este trabajo se realizó en la víspera de Navidad, y dimos gracias por haberlo presenciado.

No sé cómo salió la operación. Un día le preguntaré al respecto. Probablemente ha mejorado y podrá seguir cumpliendo su misión en la Tierra. Si repite los errores anteriores, se perjudicará de nuevo con muchos agravantes.

Lo que he relatado ocurre a menudo, pero nadie se da cuenta. Hay casos que no pueden ser curados porque, si lo fueran, no se haría nada; la causa del daño persistiría y, como resultado, si esto ocurriera, la persona pronto volvería a sufrir el mismo dolor.

Hay lugares; es decir, consultorios, que funcionan bajo la protección de grandes médicos espirituales. Les gusta ayudar a los profesionales concientizados que son eficientes y desinteresados en cuanto al enriquecimiento. Siempre prefieren a aquellos que son dedicados y caritativos en la profesión que han elegido como sacerdocio.

¿Recuerdan que les pedí que estudiaran geografía? Ya he estudiado mucho y todavía tengo que estudiar mucho más. Sin embargo, no me han enseñado nada sobre geografía aparte de lo que aprendí cuando me encarné. No conozco la relación entre mi estado y el de la Tierra. No hablaré más de ello porque es demasiado complejo y nadie lo entendería.

Ahora que ya he hablado bastante de mí, me referiré a mis amigos. Estoy atendiendo lo mejor que puedo al amigo que sufrió el desastre junto a mí. Tuvo un calvario más difícil que el mío y necesita ayuda. Sigo pidiendo que algún médico venga a verlo y alivie su sufrimiento. Creo que se me responde porque me envía pensamientos que recibo por intuición. No me he acercado a él, para no causarle sentimientos de culpa. Sólo lo observo en contadas ocasiones.

Terminaré mi comunicación hoy mismo. Continúe con su pequeño trabajo para merecer la ayuda de los "grandes."

Por favor, denle a mi familia un gran abrazo. Dígales que anoten en sus agendas el día en que reciban mi mensaje.

Mensaje del 29/12/1974.

Capítulo 15 Mantenimiento Ambiental

...el lugar es tan favorable a la labor de los espíritus samaritanos que incluso se producen curaciones...

Alrededor de lugares como su casa y de entornos como los Centros Espíritas, las iglesias y otros lugares en los que se realiza una comunión armónica de pensamiento, existe una especie de halo vibratorio. Estas vibraciones, que permanecen en los lugares donde se practica la oración o donde se reúnen personas bien intencionadas en el sentido moral, continúan durante mucho tiempo modificando el entorno y, si se alimentan constantemente de nuevas energías, forman como una isla de fuerzas positivas bastante resistentes al impacto de las ondas negativas, que retroceden cuando entran en contacto con su periferia.

Dentro de este oasis de tranquilidad, podemos sentir la paz y disponer de un entorno favorable para el desarrollo de las facultades extrasensoriales, así como de elementos para restablecer la salud, si ésta se tambalea.

Por ello, las curaciones se observan a menudo en los centros espíritas, en los lugares de peregrinación e incluso en algunas iglesias donde hay imágenes consideradas milagrosas.

Estudiemos el tema.

Alguien, en un momento de elevación natural, en un lugar determinado, tuvo una visión del mundo astral superior; la volvió a tener en otras ocasiones, en el mismo lugar, porque ambas estaban condicionadas: *la persona*, que, debido a la primera experiencia, volvió al lugar donde había podido vislumbrar otras formas de vida; *el lugar*, que quedó como imbuido, propicio para las experiencias de esta especie. La noticia se difunde y personas llenas de fe acuden al lugar, esperando ver o recibir dones espirituales. Rezan con devoción, aumentando la carga positiva. Cada vez más, el entorno se presta a las curaciones y, en la misma proporción, aumentan los "milagros." La gente dice que el lugar es sagrado. ¡Una sabia afirmación! De hecho, el lugar es tan propicio para la labor de los espíritus samaritanos que incluso se producen curaciones, que son casi imposibles en cualquier otro entorno no preparado.

Lo mismo ocurre en los centros espíritas, donde hay una cuidadosa preparación antes del servicio. Creemos que la preparación es necesaria para que los espíritus, encarnados o no, escuchen y aprendan. Sí, esto es muy útil, pero el mayor beneficio aun no es este. Oímos, entendemos, pero muchas veces nuestro campo mental no permite la asimilación espiritual. Entonces, los siervos desinteresados de Cristo nos ayudan a tener una mayor comprensión. Ahora bien, esto es posible a gran escala cuando la habitación está impregnada de buenas vibraciones, con vibraciones de una frecuencia más alta que las que estamos acostumbrados a emitir en la vida ordinaria.

Cuando recomendamos que ante los trabajos espíritas no nos detengamos en conversaciones de baja moral, que no practiquemos los vicios comunes y que, por el contrario, tratemos de rezar, de leer las obras, de mantener la calma, es para equilibrar las vibraciones locales y mantenerlas en un nivel elevado.

Cuando sintamos que la tranquilidad reina a nuestro alrededor, entonces tratemos de ejercer la caridad que se nos ha dado para practicar, sin olvidar nunca permanecer en la elevación espiritual.

Los grandes santos de la historia mantuvieron este patrón vibratorio y por ello se extendía alrededor de sus cuerpos un campo de fuerza positivo, a veces bastante extenso, que favorecía las curas que realizaban.

El primer paso que debemos dar para equilibrar nuestras fuerzas es mantener nuestro entorno magnetizado. Utilizamos la palabra *"magnetizado"* que significa *"transformado en un campo de acción positivo."* Dentro de esto los hechos relacionados son más fáciles de ocurrir.

Obtienen una gran ventaja los que consiguen mantener su "campo" perfectamente equilibrado, donde pueden florecer las bellas cualidades. Una mente iluminada puede notar fácilmente que todos los consejos de Jesús se refieren a la reforma de la persona, mediante la práctica de las virtudes. No piense que es un "código de honor", como solemos admitir. Los Evangelios nos aconsejan normas que, al ser observadas, ayudan a la formación de un campo magnetizado a nuestro alrededor. Una vez obtenido esto, empezamos a percibir cambios a mejor en toda nuestra vida: en nuestro temperamento, en nuestros amigos, en nuestra salud, etc.

Del mismo modo, es necesario que los que se mantienen obstinadamente alejados de la religión, sea cual sea, lean los Evangelios para extraer de ellos la sabiduría que Jesús legó a los hombres. El materialista podría utilizar sus enseñanzas como un precioso código, un manual de normas internas, poniéndolas en práctica para beneficiarse a sí mismo.

Mensaje del 23/2/1975.

Capítulo 16 La Mediumnidad

El médium es el pilar firme con el que cuenta el Maestro para hacer brillar su Evangelio en todos los cuadrantes de la Tierra.

Una vez más he venido a dar a los encarnados un poco más de conocimiento que el que pueden obtener con los cinco sentidos del cuerpo y con el razonamiento, mediante el cual se esfuerzan por comprender lo que aun no es posible probar mediante la ciencia.

En ningún caso subestimo la ciencia. De esto doy pruebas cuando intento explicar algo más, con la intención de ayudar a esta misma ciencia a ampliar sus conocimientos y a descubrir formas de probar lo que todos los médiums afirman.

No me rindo y ningún transmisor espiritual se deja desanimar cuando ve que grandes enseñanzas, traídas con enormes dificultades, son relegadas al desprecio o a la crítica menos constructiva.

Forma parte de nuestra tarea sufrir decepciones, pero nunca nos alcanza el desánimo, porque todos conocemos el objetivo que tenemos que alcanzar. La incredulidad, el escepticismo de muchos, las dudas e incluso las ofensas son obstáculos que dificultan nuestra tarea, pero endurecen nuestro espíritu, haciéndolo más apto para el cumplimiento de la misión que el Señor nos ha encomendado.

En la Tierra, muchos médiums son ridiculizados y sufren la incomprensión de las personas que desean obtener, a través de ellos, pruebas irrefutables de la existencia de otro plano de vida; otros sufren, víctimas de quienes intentan demostrar que son falsos y que, a través de una supuesta mediumnidad, ejercen fascinación sobre las criaturas. Así, vemos que sólo quien está seguro de ser portador de un don útil para los demás, quien ha madurado sus facultades a costa de encarnaciones dolorosas, de esfuerzos desmesurados para su evolución, es capaz de mantenerse firme en el propósito de servir de intermediario de las enseñanzas con las que la Espiritualidad pretende guiar a los encarnados hacia una mayor elevación de propósitos.

El médium es un espíritu que encarnó decidido a colaborar en el avance de aquellos que aun no pueden ver otra realidad que la física. El que posee el equilibrio y las virtudes que atraen la atención de sus semejantes; el que consigue realizar su humilde tarea con serenidad, sin desánimo, e incluso con entusiasmo; el que es capaz de prestar una colaboración constante y eficaz a los espíritus, aunque deba atender siempre a sus deberes en el medio en el que vive, de acuerdo con sus atribuciones en la sociedad, este médium se ha estado preparando durante mucho tiempo. Nadie consigue convertirse en un experto en un arte si no ha solidificado, en varias encarnaciones, el aprendizaje de múltiples experiencias.

Los médiums notables, que están en el mundo en diversos campos de actividad, comenzaron su preparación hace siglos. Han sido perseguidos por sus ideas, han fracasado a menudo, se han sentido frustrados en sus más bellas aspiraciones. Muchos de ellos fueron incluso sacrificados cuando intentaron defender la justicia e incluso las verdades científicas y filosóficas que predicaban. En el duro crisol del sufrimiento forjaron sus facultades mediúmnicas. Algunos ya eran precursores de actividades mediúmnicas sin ser reconocidos como tales.

La codificación de Allan Kardec dio una nueva oportunidad a los espíritus, ya preparados, de contar con puntos de mérito en la observación de las leyes naturales de intercambio entre espíritus encarnados y desencarnados, permitiéndoles ser los intérpretes de éstos en medio de los que todavía están en la ropa terrenal. Muchos hermanos mendigan esa oportunidad, algunos con mayores, otros con menores aptitudes, cada uno sirviendo, dentro del círculo al que logra llevar el mensaje que trajo para ser divulgado.

Todos los medios tienen formas de encontrar oportunidades para trabajar. Hay quienes realizan sus tareas conscientes de lo que hacen, transmitiendo los recursos espirituales adquiridos o lo que son capaces de captar de la espiritualidad.

Sin embargo, no todos los médiums trabajan en Centros y dan pases, porque hay médiums dentro de las más diversas actividades del hombre, como el pintor, el músico, el profesor, el médico, etc.; aunque no siempre lo saben, actúan conscientemente de lo que hacen, a veces utilizando la experiencia obtenida previamente, a veces bajo la influencia de mentores. Algunos hacen descubrimientos sensacionales y piensan que se debe sólo a su propia habilidad. No se niega el valor personal de la criatura, pero los que logran un gran protagonismo en sus actividades cuentan siempre con huestes espirituales que los impulsan desde otro plano. Por desgracia, quienes actúan de forma negativa, también reclutan a espíritus desafortunados para que colaboren en sus actos insanos. Es lamentable.

Hay quienes temen el fracaso y, por ello, rezan para que, antes de decaer, se les conceda un medio que les obligue a seguir el camino que se han trazado. Vemos, pues, a los portadores de extrañas enfermedades de las que sólo se libran cuando encuentran un grupo espírita que les ayuda y orienta. Empiezan a ejercer una mediumnidad inconsciente, sin siquiera conocer los métodos utilizados en la realización de la misión médica. Muchos duermen y trabajan así hasta que se despiertan, completamente inconscientes de lo que han hecho o dicho.

Existe la mediumnidad que se manifiesta en personas que nunca han tenido idea de lo que es. Se pasan la vida ayudando al prójimo con oraciones y aconsejando "matecitos" que siempre curan, aunque la variedad de los tés es escasa para tantos males que afligen al hombre encarnado.

El hermano que inicia su escalada necesita la iluminación para acortar su camino en la adquisición de las facultades que un día le permitirán mantener el contacto consciente con la espiritualidad superior y propiciar grandes pasos para la humanidad. Los médiums de hoy en día, dentro del don o los dones de cada uno, buscan conducir a la comprensión de la mediumnidad al mayor número posible de hermanos neófitos, consiguiendo así el perfeccionamiento de sus facultades.

Cuando volvamos de nuevo al escenario terrestre, necesitamos contar con valiosos espíritus amigos que preparen el entorno para el trabajo que pretendemos realizar. Cuanto mayor sea el número de hermanos iluminados a nuestro alrededor, mayor será la proyección de nuestro trabajo hacia la realización eficaz dentro del plan del Creador.

El médium es el pilar firme con el que cuenta el Maestro para hacer brillar su Evangelio en todos los cuadrantes de la Tierra, soberano, uniendo a todos los pueblos en una amplitud de amor y comprensión.

Así es. Sé que he divagado un poco. Es que me dejé llevar por el tema. Es difícil evaluar lo que representa un médium para un espíritu, que intenta demostrar la continuidad de la vida en la transmisión de sus mensajes. Con esto no pretendo tirar confeti a nadie, sino despertar a los médiums por la gran importancia que el ejercicio de la mediumnidad representa para todos nosotros.

Por eso nos alegramos cuando sabemos que nuestros seres queridos están en camino, utilizando su mediumnidad, para construir un mundo mejor mañana.

Mensaje del 24/2/1975.

Capítulo 17 "Orad y Vigilad..."

Jesús recomendó que, antes de rezar, se rindiera reverencia a Dios y nos reconciliásemos con los enemigos.

Aproveché las "vacaciones" para buscar nuevos temas. No siempre consigo llevar las noticias, no sólo a usted sino también a mis amigos que se interesan por lo que escribo. Sin embargo, intento darles algunas ideas nuevas para que no se aburran con la repetición. Sin embargo, a menudo es necesario repetir ciertas enseñanzas porque son básicas. Por ejemplo: "Orad y Vigilad."

Orad: ¿cómo será? Tenemos la idea que rezar significa comunicarse con Dios. ¡Bien hecho! ¿Cómo se puede lograr esto? Hay quienes reciten rosarios de oraciones y no llegan ni a la mitad de su conexión mental con la Divinidad.

Entonces, ¿en qué sentido?

Veamos. Ya se ha admitido que rezar es comunicarse con Dios y nadie que conozca los Evangelios puede ignorar cómo se hace. Jesús nos aconsejó rezar con sencillez sin multiplicar las palabras y, como ejemplo de oración, nos enseñó el *"Padre Nuestro."* También recomendó que, antes de rezar, reverenciemos a Dios y hagamos las paces con nuestros enemigos. También nos recomendó que nos amáramos unos a otros como Él nos amó. Nos enseñó a perdonar para ser perdonados, a confiar en el Padre que nunca abandona y a tomar como ejemplo las aves del cielo y los lirios del campo. Jesús nos enseñó mucho más.

Pues bien. ¿Qué es la oración, o, mejor dicho, cómo rezar?

Ofrezcamos a Dios, cada día, el esfuerzo que hemos hecho para vivir según los consejos de Jesús. Digamos a la entidad suprema que mañana intentaremos acertar más. Demos gracias por el día que hemos tenido, con las experiencias que se nos han ofrecido, y así, con el corazón abierto, conscientes que el Padre recibe el mensaje, podemos pedirle que nos bendiga y ayude.

Así es como debemos rezar. Es una forma sencilla como todo lo que es realmente superior. Para llegar a nuestras oraciones, hay que mentalizar la espiritualidad de forma clara y natural. Mientras existan cielos con altos y bajos, lugares para las élites espirituales o corrientes milagrosas, no podremos entender realmente qué es la espiritualidad y cómo es.

Cuando me desencarné, no me di cuenta enseguida que sólo era un espíritu, tal era la realidad absoluta de todo lo que me rodeaba. No pude hacerme entender por los encarnados. Eso fue lo primero que me hizo pensar en la hipótesis de ser un espíritu. Luego escribí mis observaciones.

Pensemos ahora en el *"vigilad."*

¿Qué hacemos con nuestros hijos cuando estamos encarnamos? Mientras son pequeños observamos sus cunas, luego sus primeros pasos; más tarde, sus amigos, los ambientes que frecuentan. ¿Por qué lo hacemos? Todo el mundo sabe por qué. Es porque hay personas malvadas e ignorantes que pueden desviarles del camino recto, transmitirles nociones erróneas sobre la vida, crearles, en definitiva, una serie de problemas que pueden surgir en detrimento de la buena conducta que deseamos que sigan.

Como ya he dicho, el mundo espiritual no es diferente del mundo terrenal porque está formado por espíritus que ya estuvieron encarnados y que han venido de todas partes.

Tanto los buenos como los malos se desencarnan y, en la espiritualidad, siguen pensando como encarnados. Sólo han perdido el cuerpo; la mente sigue viva y mantiene la comprensión que antes poseían, incluidas sus ambiciones materiales. Es difícil para un espíritu de poco entendimiento desprenderse de las cosas terrenales; es decir, de sus posesiones, porque las ideas siguen siendo las mismas. Si la persona en esta condición no es llevada a un lugar de descanso donde pueda equilibrar sus ideas y ser conducida al aprendizaje espiritual, será un obsesor de los encarnados que están en sintonía con él y no estén "vigilando."

Es necesario que sepamos bien lo que queremos y por qué lo queremos, para que las ideas contrarias no se infiltren en nuestra mente, desviándonos de nuestro camino. Si el encarnado no intenta guiar su vida por los sabios consejos de los Evangelios, y no se esfuerza por trabajar en su evolución espiritual dentro de las atribuciones que le corresponden en el Planeta, será fácilmente presa de estos hermanos que aun no han intentado progresar. Incluso los encarnados bien intencionados que buscan comprender la Espiritualidad a través de la dedicación al estudio y a las prácticas evangélicas están sujetos a recibir influencias de hermanos menos felices que intentan satisfacer sus deseos a través de un cuerpo y una voluntad ajena, que buscan dominar. Sólo pueden actuar en el plano de la encarnación a través de un encarnado. Por lo tanto, es necesario que no demos cobijo a los malos pensamientos, a los que nos hacen perder el equilibrio y nos alejan del camino que deseamos seguir, de la conducta que estamos acostumbrados a adoptar para conseguir victorias espirituales.

¿Podemos saber cuándo estamos siendo poco intuitivos?

Sí, podemos, si nuestra voluntad de hacerlo bien es real y sincera. Cuando dudamos, es el momento de rezar y hablar francamente con Dios, pidiendo ayuda para no equivocarnos. Si somos sinceros, la ayuda llegará.

Resumiendo:

a. Seamos francos cuando dirijamos nuestras oraciones a Dios - que deben ser espontáneas y no recitadas - y estemos seguros de su ayuda;
b. Intentemos vigilar nuestros pensamientos y acciones para no cometer errores.

Quienes conocen los Evangelios no pueden negar que poseen una norma que puede servir de guía en medio de tantas ideas y conceptos existentes en las sociedades humanas.

Y no se equivocan. Aquí también tenemos que elegir nuestro camino. Nadie trabaja porque esté obligado a hacerlo, sino por el deseo de servir, de poder hablar con Dios y decir:

"Padre, estoy sirviendo a mi hermano,
porque he aprendido de Jesús que
la caridad es un bálsamo
que alivia los dolores de quienes la practican.
Padre, dame fuerzas para olvidar
mi sufrimiento aliviando
las penas de los demás.

Ayúdame, mi creador, a tener la
comprensión para entender
a mis semejantes.
Aumenta el amor en mi corazón.
Acepta, Padre, la pequeña ofrenda
que te hago hoy de
mi pequeño trabajo
en la Siembra de Jesús."

Que Dios les ayude a todos a permanecer equilibrados
en el propósito que ha guiado su existencia terrenal.

Mensaje del 7/3/1975.

Capítulo 18 Habilitémonos para el Mañana

Mientras no sepamos conducir nuestros pensamientos a los planos superiores de la vida, no podremos alcanzar la meta de los iluminados.

El espíritu, aunque cambia a través de la evolución, sigue siendo el mismo y hay rasgos característicos que nunca pierde. Estos rasgos se manifiestan con una estructura emocional única, haciendo sentir su individualidad a través de los sentimientos y emociones que transmite.

Aunque muchos hermanos poseen cualidades similares, las particularidades son tantas que cuando conocemos una entidad, podemos notar sus tendencias, observar sus características, verificar su forma de manifestarse y reconocer al hermano que actúa sobre nosotros a través del pensamiento.

Cuando conocemos los sentimientos que prevalecen en los espíritus de un determinado nivel, en general, somos capaces de precisar el grado en que se encuentran. Ejemplificando: si un espíritu, al intuir o transmitir un mensaje lo hace con humildad, expresando mucho amor, siendo capaz de llamar la atención de los presentes por los errores practicados sin herirlos, ya sabemos que ese hermano es de alto nivel espiritual. Si un mentor trata de guiar utilizando un lenguaje claro, sin inmutarse por posibles interpelaciones irreverentes o incluso irónicas, continuando con el mismo tono de adoctrinamiento amoroso, aunque sea enérgico, entonces sabemos que el hermano tiene credenciales para servir como un digno maestro de almas.

Sin embargo, si el espíritu se presenta como autoritario, irritándose con las interrupciones, incapaz de mantener sus vibraciones de amor a todos los presentes, comprobamos que es un hermano que necesita mejorar mucho, aunque, muchas veces, trae mensajes útiles.

Debe comprender que no debemos rechazar las enseñanzas de una entidad desencarnada sólo porque no esté en un nivel espiritual elevado. Cada hermano ofrece lo que sabe y los bien intencionados se cuidan de transmitir sólo lo que están seguros. Cada uno de nosotros, encarnado o no, es responsable de las enseñanzas que imparte al resto. Por esta razón, cuando les escribo a todos ustedes trato de averiguar exactamente de que estoy hablando. No crean que he dicho alguna falsedad. Desde los primeros mensajes que dicté, traté de explicar bien mis observaciones, dándoles la interpretación que me permitían mis conocimientos. Cuando transmití mis enseñanzas, las basé en las lecciones que había recibido y en las experiencias que había tenido. En las descripciones que he podido hacer de los lugares en los que he estado, he intentado ser lo más fiel posible, comparándolos con los paisajes que conocemos en el plano físico.

Todavía soy un espíritu demasiado ignorante para poder dar más explicaciones a mis amigos que se han quedado. Mi gran preocupación es hacerles creer en la continuación de la vida después de la desaparición del cuerpo. Esto es de una importancia inimaginable. Si pudiéramos evaluar nuestra necesidad de comprender la eternidad de nuestro espíritu y la realidad de la vida espiritual, estaríamos contribuyendo en gran medida a facilitar nuestra adaptación al plano en el que ahora vivo.

Plano se utiliza aquí para expresar el entorno vibratorio, si se puede decir así. Cualquier persona, independientemente de la creencia o religión que profese, puede adquirir condiciones para ser más "independiente" al desencarnar y no perder el tiempo en "estado de turbación" por el que pasan la mayoría de los que abandonan la Tierra y se encuentran con lo inesperado. No saben cómo guiarse, porque nunca han pensado en ello. También es necesario que no ignoren el paisaje espiritual, porque cada uno tendrá para sí la visión interior que haya desarrollado, según su manera de afrontar los problemas de la vida que dejó atrás.

Es muy importante nuestra fuerza psíquica en la vida espiritual, donde un pensamiento puede llevarnos rápidamente al lugar que deseamos. La capacidad o intensidad del pensamiento dirigido es una fuerza muy grande que puede orientarse en la dirección que le imprimamos. Si emitimos sentimientos carentes de luz divina, encontraremos lugares oscuros.

Alguien preguntará cómo es posible saber si el pensamiento está iluminado o no. Para eso están las enseñanzas que dejaron los grandes espíritus que habitaron la Tierra, así como las que nos fueron y siguen siendo dadas a través de los médiums. Para nosotros, los terrestres, el más grande de todos los espíritus es Jesús, que dejó Apóstoles como continuadores de su obra. Ellos fueron los que escribieron y recogieron en los Evangelios las lecciones del Divino Maestro. El individuo encarnado o desencarnado sabrá en qué tipo de pensamientos deberá permanecer para vislumbrar llanuras agradables, tener una compañía elevada y sentirse bendecido por el calor de la amistad sincera y la colaboración espontánea. Por eso decimos que cada uno busca sus afinidades.

Cuando desencarné, no pensé en nada más allá o diferente de la idea dominante de contar a mis seres queridos lo que había sucedido. Después de sospechar que había desencarnado, me puse un poco triste, pero había tantas cosas que hacer que no pude pararme a pensar. Cuando me detuve, empecé a sentirme aturdido y tambaleante. Pensé en Dios, en los espíritus protectores y mentalicé un grito de auxilio. Inmediatamente me sentí apoyado por dos hermanos que vinieron, no sé de dónde, y que me llevaron a un justo descanso. Si no hubiera rezado por la protección divina, no habría obtenido tan rápidamente la ayuda que necesitaba. Me habría privado de ese gran beneficio. Cuando se recibe ayuda inmediatamente, se sufre menos. Las impresiones del cuerpo tardan en desaparecer, y no siempre conseguimos eliminar el recuerdo de una enfermedad o una pena que tuvimos antes de desencarnar.

Esto nos hace infelices y es común que muchas personas desencarnadas sientan un dolor local correspondiente a los órganos enfermos que causaron su muerte. Hay ocasiones en las que esta impresión es tan fuerte que la criatura cree que aun vive en el plano físico. Es necesario aprender todo esto para saber cómo liberarse de la impresión del cuerpo y de las emociones de los difuntos, para poder disfrutar de los privilegios concedidos al espíritu.

Se trata de una pequeña ventaja por la que debemos esforzarnos. Es necesario que, mientras cumplimos nuestra misión en la Tierra, nos habilitemos para entrar en la "patria espiritual" a fin de continuar nuestro trabajo allí sin interrupción. Entonces, sí, nuestra evolución se acelera y pronto podremos abogar por una encarnación en otras condiciones; es decir, en un orbe con mejores condiciones que la Tierra. Pero mientras no sepamos guiar nuestro pensamiento hacia los planos superiores de la vida, no podremos alcanzar la meta de los iluminados. Y para poder guiar nuestras mentalizaciones a estos planos, es necesario practicar conscientemente una serie de comportamientos aconsejados por el Evangelio de Jesús. Son recomendaciones eficaces cuando se siguen con el corazón.

Con esto termino la serie de mensajes para ustedes. Pronto escribiré otro. Es mucho trabajo, pero he decidido transmitirles mis impresiones y mis conocimientos, y si Dios lo permite, seguiré dictando mis mensajes con la mayor claridad posible.

Que Dios nos ayude a cumplir la tarea, que Dios ayude a mi madre a luchar por integrarme en el círculo espírita de los encarnados. Que Dios proteja a todos los hermanos y hermanas que se interesan por lo que escribo y ayudan a divulgar mis experiencias.

A mi padre mi cariño y a mi hermano un "muy bien viejo."

LUIZ SERGIO

São Bernardo do Campo.

Mensaje del 16/3/1975.

NOTAS:

1 El primer mensaje de este libro fue objeto de estudio en el "Instituto de Cultura Espiritual de Brasil", el 31.8.75, por el hermano Américo Luz, bajo la presidencia del cófrade Deolindo Amorim.

2 En el momento de esta publicación -17/11/1976 - ya habíamos recibido otros mensajes que, si Dios lo permite, condensaremos en un segundo volumen.

3 Otros libros de la obra de LUIZ SÉRGIO son:

- Nuevos mensajes

- Intercambio

- Con la esperanza de una nueva vida

- Nadie está solo

- El Miosotis florecen de nuevo

- El vuelo más alto

- Un jardín de esperanza

- Manos extendidas

- Concienciación

- La llama eterna

- Lirios recogidos

- Dolor por goteo

- Déjenme vivir

- Dos mundos tan míos

- Cascadas de luz

- En el momento de la despedida

- El universo del amor

- Maestro amigo

Grandes Éxitos de Zibia Gasparetto

Con más de 20 millones de títulos vendidos, la autora ha contribuido para el fortalecimiento de la literatura espiritualista en el mercado editorial y para la popularización de la espiritualidad. Conozca más éxitos de la escritora.

Romances Dictados por el Espíritu Lucius

La Fuerza de la Vida

La Verdad de cada uno

La vida sabe lo que hace

Ella confió en la vida

Entre el Amor y la Guerra

Esmeralda

Espinas del Tiempo

Lazos Eternos

Nada es por Casualidad

Nadie es de Nadie

El Abogado de Dios

El Mañana a Dios pertenece

El Amor Venció

Encuentro Inesperado

Al borde del destino

El Astuto

El Morro de las Ilusiones

¿Dónde está Teresa?

Por las puertas del Corazón

Cuando la Vida escoge

Cuando llega la Hora

Cuando es necesario volver

Abriéndose para la Vida

Sin miedo de vivir

Solo el amor lo consigue

Todos Somos Inocentes

Todo tiene su precio

Todo valió la pena

Un amor de verdad

Venciendo el pasado

Libros de Vera Kryzhanovskaia y JW Rochester

La Venganza del Judío

La Monja de los Casamientos

La Hija del Hechicero

La Flor del Pantano

La Ira Divina

La Leyenda del Castillo de Montignoso

La Muerte del Planeta

La Noche de San Bartolomé

La Venganza del Judío

Bienaventurados los pobres de espíritu

Cobra Capela

Dolores

Trilogía del Reino de las Sombras

De los Cielos a la Tierra

Episodios de la Vida de Tiberius

Hechizo Infernal

Herculanum

En la Frontera

Naema, la Bruja

En el Castillo de Escocia (Trilogia 2)

Nueva Era

El Elixir de la larga vida

El Faraón Mernephtah

Los Legisladores

Los Magos

El Terrible Fantasma

El Paraíso sin Adan

Romance de una Reina

Libros de Eliana Machado Coelho y Schellida

Corazones sin Destino

El Brillo de la Verdad

El Derecho de Ser Feliz

El Retorno

En el Silencio de las Pasiones

Fuerza para Recomenzar

La Certeza de la Victoria

La Conquista de la Paz

Lecciones que la Vida Ofrece

Más Fuerte que Nunca

Sin Reglas para Amar

Un Diario en el Tiempo

Un Motivo para Vivir

¡Eliana Machado Coelho y Schellida, Romances que cautivan, enseñan, conmueven y pueden cambiar tu vida!

Libros de Elisa Masselli

Siempre existe una razón

Nada queda sin respuesta

La vida está hecha de decisiones

La Misión de cada uno

Es necesario algo más

El Pasado no importa

El Destino en sus manos

Dios estaba con él

Cuando el pasado no pasa

Apenas comenzando

Libros de Vera Lúcia Marinzeck de Carvalho y Patricia

Violetas en la Ventana

Viviendo en el Mundo de los Espíritus

La Casa del Escritor

El Vuelo de la Gaviota

Vera Lúcia Marinzeck de Carvalho y Antônio Carlos

Amad a los Enemigos

Esclavo Bernardino

la Roca de los Amantes

Rosa, la tercera víctima fatal

Cautivos y Libertos

9 798215 224373